lonely planet

PORTO

EN QUELQUES JOURS

Kerry Christiani

Sommaire

Préparer son séjour

Torre dos Clérigos (p. 60)
SAIKO3P / SHUTTERSTOCK ©

Explorer Porto 31

Vaut le détour

Carnet pratique 147

Coups de projecteur

Bienvenue à Porto

Ouverte sur les rives du Douro, la ville séduit tout autant par le charme de son centre historique que par sa cuisine et ses vins délicieux, sa vie nocturne animée et sa sympathique population. Prenez le pouls de cette cité en pleine mutation, en vous baladant dans les ruelles médiévales, en vous initiant aux différentes nuances du porto dans les chais ou en prenant le tram jusqu'à Foz, battue par les vagues de l'Atlantique.

Pont Dom Luís I (p. 44)
MAPICS / SHUTTERSTOCK ©

Les incontournables

Sé

La cathédrale aux allures de forteresse. p. 34

Igreja de São Francisco

L'exubérance baroque. **p. 36**

Palácio da Bolsa

Le resplendissant palais de la Bourse. **p. 38**

Museu Nacional Soares dos Reis

Une formidable collection d'art. **p. 80**

Centro Português de Fotografia

Une ancienne prison reconvertie en musée de la photographie. **p. 82**

Jardim do Palácio de Cristal

Les plus romantiques jardins de Porto, perchés sur les hauteurs. **p. 112**

Serralves

Architecture d'avant-garde et expositions à la pointe de l'art.

p. 136

Casa da Música

Une étonnante architecture et une acoustique exceptionnelle.

p. 124

Gastronomie

La scène gastronomique de Porto a connu un vrai boom ces dernières années. Les petiscos (tapas portugaises) ont le vent en poupe, tout comme les brunchs prolongés du week-end, les buffets végétariens créatifs, les restaurants branchés qui revisitent habilement les classiques de tous horizons et les tavernes à l'ancienne partisanes du Slow Food. Sans oublier les charmants cafés, les épiceries fines et les pâtisseries à chaque coin de rue.

Solides traditions

Porto est généreusement fourni en *tascas* et *tabernas*, des gargotes sans chichis, simples et pas chères, souvent tenues en famille, où les tables sont très rapprochées et l'ambiance toujours animée. Vous y déjeunerez souvent pour moins de 10 € et pourrez découvrir les classiques indémodables de la cuisine locale.

Paradis gourmet

Visionnaires et audacieux, les chefs de Porto ont fait de la ville une nouvelle destination gastronomique proposant des menus dégustation surprise préparés à la perfection, des plats subtiles et novateurs et des produits de saison. Ne manquez pas non plus la cuisine de haute volée, dont certaines étoilées.

Portugais

Flor dos Congregados (p. 63) Une adresse familiale, rustique et accueillante, servant une cuisine portugaise de saison.

Cantinho do Avillez (p. 49) Le chef étoilé José Avillez improvise sur les traditions portugaises dans ce bistrot en vogue.

Tripeiro (p. 64) Ce restaurant à la fois moderne et rustique sert des classiques portugais authentiques, comme les tripes à la mode de Porto.

Casa Agrícola (p. 131) Accolé à une chapelle, ce coup de cœur élégant de Boavista a pour spécialité les *cataplanas* (casserole de produits de la mer).

O Caraças (p. 91) Cette charmante taverne tenue à la baguette par une mère et ses filles propose une cuisine portugaise réconfortante.

Petiscos et tascas

Taberna do Largo (p. 46) Assiettes de dégustation, vins triés sur le volet et ambiance détendue.

DZMITRY RYSHCHUK / SHUTTERSTOCK ©

Cantina 32 (p. 48) *Petiscos* ingénieux et incroyablement savoureux dans un décor industriel décontracté.

Tapabento (p. 63) Bistrot cosy proposant des assiettes à partager et une sélection de vins soignée.

Porta 4 (p. 90) Un bar à tapas très sympathique de Miragaia, grand comme un mouchoir de poche.

Tascö (p. 63) Cette adresse centrale séduit par son décor scandinave épuré et ses *petiscos*.

Haute cuisine

Vinum (p. 105) Un restaurant gastronomique doté d'une excellente cave.

Pedro Lemos (p. 140) Le chef fait honneur aux produits locaux et de saison dans cet antre merveilleux titulaire d'une étoile Michelin.

Antiqvvm (p. 120) Un restaurant étoilé romantique offrant une vue fascinante.

Yeatman (p. 104) Le chef Ricardo Costa vous en mettra plein la vue dans ce restaurant doublement étoilé.

Euskalduna Studio (p. 65) Les tables valent de l'or dans ce lieux intime et expérimental. Réservez.

MUU (p. 65) Un restaurant-grill raffiné servant des morceaux de choix.

Cuisine du monde et fusion

Belos Aires (p. 92) Un coin d'Argentine à Miragaia, où déguster de délicieux steaks, du malbec et des *empanadas*.

Frida (p. 92) Mexicain bohème servant une cuisine corsée.

Mistu (p. 92) Accents asiatiques et sud-américains dans un bâtiment néo-mauresque raffiné.

Flow (p. 64) L'endroit parfait pour savourer une cuisine méditerranéenne colorée dans le charmant patio.

À table !

- Pain, olives, etc. : les mises en bouche apportée par votre serveur ne sont pas offertes ; vous pouvez les refuser.

Bars et vie nocturne

Les Portuenses *aiment sortir, surtout* Rua das Galerias de Paris*, où les bars ne manquent pas et où les fêtards se répandent dans la rue. Décalée mais pas trop, juste assez pour ne pas s'embourgeoiser, la nuit à Porto est éclectique, du club indépendant au* rooftop *raffiné.*

Quartiers

La scène nocturne de Porto est très informelle. Des bars de plage de Foz à ceux de Vila Nova de Gaia, en bordure du fleuve, en passant par les bars à vins dans les ruelles de la Ribeira. À mesure que la soirée avance, les fêtards convergent vers les "Galerias", rue bordée de bars, qui invitent à papillonner de l'un à l'autre.

Grand spectacle

La vie nocturne est animée de spectacles éclectiques – théâtre et musique classique, mais aussi concerts de talents du cru dans les salles locales, bars de jazz et de fado, espaces culturels et enclaves artistiques. Les plus petites salles organisent souvent des concerts gratuits.

Bars

Prova (p. 51) Diogo partage son amour pour le vin portugais dans ce bar élégant.

Wine Quay Bar (p. 51) Commencez la soirée face au couchant au bord du fleuve.

Era uma Vez em Paris (p. 66) Établissement chic aux allures de maison close évoquant le Paris des années 1920.

Aduela (p. 66) Un établissement rétro au mobilier ancien.

Museu d'Avó (p. 66) Ce bar original vous fera voyager dans le temps.

Café Candelabro (p. 69) Café-librairie bohème avec terrasse côté rue.

Cocktails et Bière

The Wall (p. 68) Rétro-éclairage et charme urbain dans ce bar des Galerias.

Letraria (p. 66) Bières artisanales, atmosphère détendue et jardin ombragé.

Pinguim Café (p. 93) L'endroit rêvé pour un cocktail à base de gin, dans une ambiance bohème.

Armazém da Cerveja (p. 72) Quelque 70 bières différentes en stock, à déguster dans le jardin.

Catraio (p. 94) Un bar-boutique qui fait la part

EMILY MCAULIFFE / LONELY PLANET ©

belle aux bières artisanales portugaises.

Arts du spectacle

Casa da Música (p. 133) Ce mastodonte de la culture accueille des concerts divers, du classique au jazz.

Teatro Nacional São João (p. 71) Ce théâtre propose d'éblouissants spectacles de danse, pièces et concerts.

Coliseu do Porto (p. 71) Un théâtre Art déco programmant concerts, spectacles de danse et pièces de théâtre.

À l'air libre

Miradouro Ignez (p. 120) Boissons et snacks au coucher du soleil, avec vue sur le fleuve.

Praia da Luz (p. 140) Bar de plage où siroter quelques verres au crépuscule.

Mirajazz (p. 93) Une terrasse bercée de jazz.

Intrigo (p. 92) On aperçoit le fleuve par-delà les toits depuis cette terrasse cachée.

360° Terrace Lounge (p. 106) Vue saisissante sur le centre historique de Porto.

Musique live

Breyner 85 (p. 94) Concerts de rock, de jazz et de blues ; jam-sessions le dimanche soir.

Plano B (p. 70) Jazz, jam-sessions, musique indé, DJ et autres styles.

Hot Five Jazz & Blues Club (p. 52) Le club de jazz le plus populaire de la ville.

Conseils pour une soirée réussie

- Comme souvent dans les pays du sud, la soirée commence tard. Les bars ne se remplissent vraiment que vers 23h et les discothèques prennent le relai vers 2h du matin.
- Réservez vos places de concert et de théâtre au moins une semaine à l'avance pour être sûr d'être bien placé.

Shopping

Flâner dans les boutiques de Porto a quelque chose d'authentique. Dégustez quelques portos pour dénicher la bouteille qui fera plaisir, engagez une conversation sur les vertus des tremoços (lupins) avec l'affable senhora d'une épicerie d'antan, et échangez avec les artistes locaux et les designers au détour d'une boutique éphémère, d'une galerie ou d'un concept store.

Alimentation et boissons

Touriga (p. 72) David Ferreira saura vous initier au monde du porto et du vin portugais.

A Pérola Do Bolhão (p. 71) Une épicerie hors du temps arborant une éblouissante façade Art nouveau.

Chocolateria Ecuador (p. 53) Sublime chocolat noir (notamment la version au porto).

Oliva & Co (p. 52) Huile d'olive vierge extra des quatre coins du Portugal.

Loja das Conservas (p. 52) *Conservas* (conserves de poisson) d'une qualité inouïe.

Garrafeira do Carmo (p. 95) Porto vintage et bons vins à des prix raisonnables.

Artisanat

Azulima (p. 72) Égayez votre intérieur d'azulejos (carreaux de faïence peints) portugais.

A Vida Portuguesa (p. 75) Ode aux objets portugais en tous genres, notamment les *andorinhas* (hirondelles) de Bordallo Pinheiro.

Águas furtadas (p. 72) Articles de mode, objets design et artisanat portugais.

Armazém (p. 95) Entrepôt au bord du fleuve transformé en *concept store* et magasin vintage.

CRU (p. 115) Artisanat portugais audacieux conçu par une nouvelle vague de créateurs.

Loja das Tábuas (p. 53) Articles en liège et *tábuas* (planches à découper) en chêne.

Cadeaux

Coração Alecrim (p. 72) Cadeaux uniques, rétro, vintage et écologiques, dans un magnifique magasin.

Tradições (p. 53) Boutique indépendante de la Ribeira, pleine de trouvailles, des sacs en liège aux azulejos.

Claus Porto (p. 53) Savons portugais de luxe dans des emballages rétro.

Vista Alegre (p. 73) Porcelaine portugaise réputée.

43 Branco (p. 53) Cadeaux inspirés de Porto, des bijoux en filigrane aux sardines en céramique.

INGEHOGENBIJL / SHUTTERSTOCK ©

Zinda Atelier (p. 52) Céramiques originales, notamment les célèbres *andorinhas* (hirondelles) portugaises, dans l'atelier de l'artiste.

Design et mode

Workshops Pop Up (p. 71) Boutique au design étudié, remplie d'articles tendance.

Nuno Baltazar (p. 133) Magasin phare du grand couturier portugais.

Monseo (p. 121) Bijoux arborant des motifs typiquement portugais.

Scar-id (p. 95) Quelque 40 créateurs présentent leurs collections dans ce *concept store* moderne.

Marchés

Mercado Beira-Rio (p. 103) Dans ce marché couvert, vous côtoierez intimement les *Portuenses*.

Mercado da Foz (p. 141) Une série de stands débordant de produits frais et de fleurs.

Mercado da Afurada (p. 109) Marché aux poissons petit mais animé, dans le charmant village d'Afurada.

Mercado Bom Sucesso (p. 130) On trouve de tout sur ce marché, notamment des produits frais, des concerts et des ateliers.

Le top des rues commerçantes

Prenez le pouls de la ville et de ses créateurs en longeant la Rua Miguel Bombarda, ponctuée de galeries d'art et de petites boutiques qui semblent toujours plus nombreuses. Descendez tranquillement la Rua das Flores à la recherche de souvenirs 100% portugais dont vous pourrez vous vanter. Les grandes enseignes se trouvent plutôt Rua de Santa Catarina.

Fêtes et festivals

Pour les Portuenses, toutes les occasions et tous les moyens sont bons pour faire la fête : la Saint-Jean et ses marteaux qui couinent, São Pedro da Afurada et ses festins de sardines arrosées de vin et de danse jusqu'à l'aube, la douceur des nuits d'été et des festivals de musique en plein air. Un seul impératif : plus on est de fous, plus on rit !

DE VISU / SHUTTERSTOCK ©

Culture et patrimoine

Serralves Em Festa (www.serralves.pt). Pendant tout un week-end début juin, 50 heures de festivités non-stop à Porto : concerts, théâtre d'avant-garde et activités pour les enfants.

Festival Internacional de Teatro de Expressão Ibérica (www.fitei.com). Mi-juin, 10 jours de théâtre contemporain en portugais et en espagnol.

Fantasporto (www.fantasporto.com). Films fantastiques, films d'horreur et films juste... étranges sont à l'honneur en février-mars pendant deux semaines.

Queima das Fitas (www.queimadoporto.com). Parades, concerts et autres réjouissances marquent la fin de l'année universitaire.

Musique

NOS Primavera Sound (www.nosprimaverasound.com). Des artistes internationaux sont à l'affiche de ce festival de musique qui a lieu dans le Parque da Cidade, début juin.

MEO Marés Vivas (p. 108) Vila Nova de Gaia accueille trois jours durant ce festival où se produisent des grands noms du rock et de la pop, fin juillet.

Noites Ritual Rock (www.facebook.com/pg/festivalnoitesritual). Festival de rock gratuit dans les Jardins do Palácio de Cristal, le temps d'un week-end.

Agenda : les incontournables

- Participez aux festivités délirantes de la plus grande fête *portuense*, la Festa de São João (photo ci-dessus ; p. 48), en juin.
- Autour du 29 juin, tout le monde se presse à Afurada pour voir les défilés, faire la fête et engloutir des sardines lors de la Festa de São Pedro da Afurada (p. 108).

Vin de Porto

SOHADISZNO / GETTY IMAGES ©

Inutile de prétendre connaître vraiment la ville si vous n'avez pas appris à faire la différence entre le suave goût de noisette d'un tawny et la subtile complexité d'un vintage. Depuis le XVIIe siècle, les beaux chais qui s'étagent sur les coteaux de Vila Nova de Gaia sont le centre nerveux de la production du Vinho do Porto.

Visites des chais

Taylor's (p. 100) Les circuits avec audioguide comprennent la dégustation de deux portos d'exception. Magnifique vue.

Graham's (p. 100) Surplombant le Douro, ce producteur historique propose une excellente découverte de la production du porto, assortie d'une dégustation.

Cálem (p. 100) Chais auréolés de récompenses proposant visites guidées et dégustations.

Ramos Pinto (p. 102) Visites guidées et dégustations chez ce producteur au bord du fleuve.

Croft (p. 102) Ces chais à l'élégance rustique, installés à flanc de coteau depuis 1588, proposent des dégustations.

Sandeman (p. 100) Suivez des guides en cape noire à travers les caves Sandeman, plusieurs fois centenaires.

Dégustation et achats

Prova (p. 51) Bar chic et détendu proposant des dégustations.

Portologia (p. 51) Bar à vins cosy proposant 200 portos différents ainsi que des dégustations.

Touriga (p. 72) Une incroyable variété de portos et de vins, connus et moins connus. Dégustations.

Garrafeira do Carmo (p. 95) Le plus difficile est de choisir dans la gamme enivrante de portos proposée par ce caviste du centre.

Le porto autrement

Douro Azul (p. 101) Voguez sur le Douro à bord d'un *barco rabelo*, reconstitution d'un de ces bateaux à fond plat qui acheminaient jadis le porto depuis les vignobles.

Espaço Porto Cruz (p. 99) Un édifice historique aménagé en véritable ode contemporaine au porto, avec un musée, un restaurant, des dégustations et une terrasse.

Porto gratuit

Porto s'offre parfois sans rien demander en échange. Couchers de soleil magnifiques depuis ses miradouros, flâneries dans des jardins botaniques, promenades dans les ruelles labyrinthiques du centre... et ce n'est pas tout. Dans cette ville merveilleusement généreuse, vous aurez aussi accès à la culture sans bourse délier, que ce soit pour visiter une expo photo pointue ou pour admirer une église baroque et ses somptueux azulejos.

EMILY MCAULIFFE / LONELY PLANET ©

Bonnes affaires du week-end

Un tout petit peu d'organisation peut permettre d'économiser. Ainsi, concentrez les visites sur le week-end, notamment celles des prestigieuses institutions comme l'avant-gardiste Serralves (p. 136), gratuit le premier dimanche matin du mois, et le Museu Romântico (p. 117), gratuit le week-end.

Visites

Gare de São Bento (p. 60) Revivez l'âge d'or du chemin de fer et (re)découvrez l'histoire du Portugal en azulejos.

Capela das Almas (photo ci-dessus ; p. 60) Une église extraordinaire dont les carreaux bleu et blanc illustrent la vie des saints.

Centro Português de Fotografia (p. 82) Dans une ancienne prison, faites le plein d'expos photos ancrées dans le présent.

Sé (p. 34) Cette cathédrale fortifiée est une géante romane qui surplombe la ville en majesté.

Igreja do Carmo (p. 88) Sur la façade de ce bel édifice, une frise d'azulejos représente la formation de l'ordre des carmélites.

Plein air

Jardins do Palácio de Cristal (p. 112) Jardins botaniques de toute beauté avec une vue plongeante sur la ville.

Ponte de Dom Luís I (p. 44) Empruntez le tablier supérieur de ce pont emblématique pour admirer le panorama et rejoindre le Jardim do Morro.

Foz do Douro (p. 135) Explorez un fort et respirez les embruns de l'Atlantique sur la promenade.

Jardim do Morro (p. 99) Agréable jardin de V.N. de Gaia offrant un panorama exaltant sur le centre historique.

Parque da Cidade (p. 143) Lacs et sentiers à sillonner à pied et à vélo sont les atouts du poumon vert de Porto.

Circuits organisés

Pour découvrir la ville sous un angle différent, laissez-vous tenter par une visite guidée, qu'il s'agisse d'un circuit gastronomique d'une demi-journée, d'une croisière dans les vignobles de la vallée du Douro ou d'un instructif itinéraire thématique sur les azulejos, le street art ou l'ancien quartier juif. Pour une balade plus sportive, optez pour un circuit à vélo ou en Vespa.

JOYFULL / SHUTTERSTOCK ©

Gastronomie

Taste Porto (p. 66) Circuits éprouvés des bars et restaurants de la ville.

Workshops Pop Up (p. 71) Apprenez à confectionner des spécialités portugaises et dégustez le fruit de votre labeur.

À pied, à vélo et en tuk-tuk

Tuk Tour (p. 62) Visitez la ville et ses environs en tuk-tuk.

Fold 'n' Visit (p. 152) Location et circuits à vélo dans le centre de Porto.

Worst Tours (www.theworsttours.weebly.com ; Praça do Marquês de Pombal). Circuits à pied dans la ville, gratuits, décalés et amusants.

Porto Walkers (p. 61) Les guides jeunes et dynamiques vous feront découvrir la ville sous un jour très personnel.

Living Tours (p. 45) Circuits en ville et excursions jusque dans le Douro et le Minho.

Oporto Share (p. 45) Sillonnez la ville en Vespa avec un guide.

Par thèmes

Other Side (p. 45) Découvrez les recoins cachés de Porto ou aventurez-vous jusqu'aux vignobles du Douro.

Porto Sky Experience (p. 118) Porto vu du ciel en hélicoptère.

Blue Dragon Tours (p. 45) Circuits thématiques à pied, à vélo ou en Segway.

Be My Guest (p. 103) Circuits originaux menés par des connaisseurs (azulejos, *street art*...)

eFun GPS tours (p. 102) Des promenades dans l'ancien quartier juif aux croisières sur le Douro.

Circuits en bateau

Barcadouro (plan p. 98, C2 ; ✆223 722 415 ; www.barcadouro.pt ; Av. Ramos Pinto 240, Cais de Gaia, Vila Nova de Gaia). Excursions en bateau d'une journée dans la vallée du Douro.

Douro Acima (p. 46) Mini-croisières sur le Douro à bord de *barcos rabelos*.

Douro Azul (p. 101) Croisières fluviales multilingues de 50 minutes.

Activités de plein air

Contempler le ruban argenté du fleuve qui serpente à travers la ville depuis les hauteurs d'un miradouro, immortaliser le soleil déclinant sur de verdoyants jardins ou s'offrir une balade revigorante, à pied ou à vélo, au bord de l'océan ou dans le plus grand parc portuense... ce ne sont pas les plaisirs de plein air qui manquent ici. Sans parler des vignobles du Douro et des plages, aux portes de la ville.

CRISTIAN BALATE / SHUTTERSTOCK ©

La brise océane, l'abondant poisson et le cri des mouettes rappellent au visiteur à quel point l'identité de Porto est liée à l'Atlantique. Le front de mer et les plages de Foz do Douro, proches du centre, vous tendent les bras et s'imposent comme le bol d'air idéal après une matinée de visites en ville. De plus belles plages encore se déroulent au nord, à Leça da Palmeira et sa superbe piscine d'eau de mer (p. 144), ou à Vila do Conde, à seulement une heure de métro par la ligne B (rouge).

Parcs et jardins

Jardins do Palácio de Cristal (p. 112) Ces jardins botaniques au sommet d'une colline offrent une vue époustouflante sur Porto.

Jardim da Cordoaria (photo ci-dessus ; p. 89) Un jardin central et ombragé, jalonné de sculptures.

Jardim do Passeio Alegre (p. 139) Pour flâner le dimanche en bord de mer, à Foz.

Jardim Botânico do Porto (p. 127) Promenez-vous parmi les mares et les fleurs dans ce jardin rafraîchissant et solitaire.

Parque da Cidade (p. 143) Parcourez le plus grand espace vert de Porto à pied ou à vélo, ou installez-vous pour un pique-nique.

Points de vue

Miradouro da Vitória (p. 85) Venez au crépuscule voir briller depuis ce belvédère les lumières de la ville.

Torre dos Clérigos (p. 60) Grimpez cette tour pour admirer la vue qui s'étend jusqu'au Douro et au-delà.

Porto Bridge Climb (p. 118) Armez-vous de courage pour gravir les marches du pont d'Arrábida et profiter de la vue vertigineuse sur le fleuve et la ville.

Jardim do Morro (p. 99) Superbe vue sur le Douro et la Ribeira depuis ces jardins hauts perchés.

Jardim das Virtudes (p. 88) Ces pelouses en terrasse donnant sur les toits de Porto sont l'un des rendez-vous préférés des habitants.

Art et architecture

Il y a les ruelles chargées d'histoire du vieux Porto, mais il y a aussi ces édifices à l'épure saisissante, parfaitement intégrés dans leur environnement naturel : car si la ville est si bien entrée dans le XXIe siècle, c'est grâce aux architectes récompensés Álvaro Siza Vieira et Eduardo Souto de Moura. Et à ces génies viennent s'ajouter les œuvres qui rythment le quotidien des Portuenses, entre azulejos et street art.

EMILY MCAULIFFE / LONELY PLANET ©

Chefs-d'œuvre historiques

Sé (p. 34) La cathédrale fortifiée, de style roman, comporte aussi des éléments gothiques et baroques.

Gare de São Bento (p. 60) Une réussite du style Beaux-Arts, aux azulejos contant l'histoire du Portugal.

Palácio da Bolsa (p. 38) L'ancienne Bourse de Porto cache de riches intérieurs sous des dehors néoclassiques.

Avenida dos Aliados (photo ci-dessus ; p. 60) Les majestueux édifices de cette avenue sont un répertoire de genres architecturaux, du néoclassique au style Beaux-Arts français.

Igreja de São Francisco (p. 36) Un joyau baroque aux ors opulents.

Architecture avant-gardiste

Casa da Música (p. 124) *La* salle de concert de Porto, signée Rem Koolhaas, fait entrer l'acoustique dans une nouvelle dimension.

Serralves (p. 136) Dans un écrin de verdure, une création d'Álvaro Siza Vieira, anguleuse et immaculée, où les notions d'espace et de lumière prennent tout leur sens.

Casa de Chá da Boa Nova (p. 145) Cette merveille face à l'océan est une autre œuvre de Vieira.

Street art

Rua das Flores (p. 74) Fresques éblouissantes d'Hazul, portraits lumineux de Costah et 15 boîtiers électriques aux couleurs vives mais arborant chacun son style.

Rua Miguel Bombarda (p. 114) Un chapelet de galeries d'art et une ode au street art.

Visites autonomes

- Concoctez votre propre circuit-découverte de l'architecture contemporaine de Porto grâce aux plans gratuits que remettent les guides à l'office du tourisme.

Porto avec des enfants

Il suffit de quelques bons tuyaux pour faire de ce séjour à Porto une passionnante aventure. Brinquebaler à bord d'un antique tramway, débusquer Harry Potter, faire des châteaux de sable sur la plage ou revivre l'aventure des grands navigateurs portugais – impossible de s'ennuyer !

HERACLES KRITIKOS / SHUTTERSTOCK ©

Visites interactives

Sealife Porto (p. 143) Les enfants seront ébahis dans le tunnel aux requins dans ce très chouette aquarium.

Museu das Marionetas (p. 88) Apprenez-leur à tirer les ficelles dans cet adorable musée des Marionnettes.

World of Discoveries (photo ci-dessus ; p. 117) Pour suivre les pas des grands explorateurs.

Look at Porto (p. 117) Embarquez pour un vol virtuel au-dessus de Porto dans ce cinéma 5D.

Art et inspiration

Serralves (p. 136) Renseignez-vous sur les ateliers interactifs du week-end, destinés aux familles.

Livraria Lello (p. 60) Une librairie où l'on s'attendrait à voir surgir Harry Potter.

Rua das Flores (p. 74) Les photographes en herbe pourront immortaliser les œuvres de *street art*.

En plein air

Foz do Douro (p. 135) Prenez le tramway n°1, et à vous les bonnes glaces, les photos du phare et la plage.

Jardins do Palácio de Cristal (p. 112) Ces magnifiques jardins sont fréquentés par des paons.

Parque da Cidade (p. 143) Pour faire un pique-nique et leur offrir plein d'espace où se défouler.

Piscine à la plage L'été, ne manquez pas de vous rendre à Leça da Palmeira, pour sa grande plage, mais aussi pour sa piscine d'eau de mer (p. 144).

Bons plans

- Les moins de 4 ans voyagent gratuitement dans les transports publics.
- Entrée gratuite ou à tarif réduit dans les musées pour les moins de 14 ou de 18 ans.
- Les restaurants proposent des menus enfants ou des *meias doses* (demi-portions).

Musées et galeries

Une plongée dans les musées de Porto, c'est découvrir à la fois ce qui a façonné la ville au fil de l'histoire et ce qui la fait vibrer aujourd'hui. Vous aurez le choix, allant des petits et intimistes aux plus pointus, ils peuvent être installés dans d'imposants palais ou dans de minimalistes vaisseaux de pierre.

TRABANTOS / SHUTTERSTOCK ©

Art classique et art contemporain

Museu Nacional Soares dos Reis (p. 80) Un riche musée pour les beaux-arts et les arts décoratifs.

Museu da Misericórdia do Porto (p. 44) Union heureuse entre architecture d'avant-garde et art sacré.

Serralves (p. 136) L'art contemporain des années 1960 à nos jours.

Thématiques

Centro Português de Fotografia (p. 82) Une ancienne prison devenue un temple de la photo d'aujourd'hui.

Museu dos Transportes (p. 89) L'histoire de l'automobile, de la radio et des communications dans une belle douane du XIXe siècle.

Museu do Carro Eléctrico (p. 117) Une extraordinaire collection de tramways vintage.

Museu das Marionetas (p. 88) Musée des marionnettes à voir en famille.

Un peu d'histoire

Casa do Infante (p. 45) Star des explorateurs, Henri le Navigateur naquit en 1394 dans cette maison, la toute première douane de Porto.

Museu Romântico (p. 117) Une merveille de romantisme que cette demeure où le roi de Sardaigne, en exil, vécut ses derniers jours.

Palácio da Bolsa (photo ci-dessus ; p. 38). Témoin de la richesse des anciens magnats de la ville.

À savoir

- La plupart des musées et sites ferment le lundi. Certains sont gratuits au moins une matinée le week-end.
- Dans la plupart des musées, il est interdit de prendre des photos (du moins avec flash). Renseignez-vous sur place.

Porto en 4 jours

1er jour

ARKADY ZAKHAROV / SHUTTERSTOCK ©

Commencez par contempler la vue époustouflante sur le Porto historique depuis la **Sé**, aux allures de forteresse (photo ; p. 34). De là, plongez dans le dédale de ruelles de la Ribeira étagées à flanc de colline. Arrêtez-vous au **Museu da Misericórdia** (p. 44) pour une dose de culture et un coup d'œil à ses extraordinaires azulejos. Consacrez l'après-midi aux grands sites touristiques de la Ribeira. À commencer par l'**Igreja de São Francisco** (p. 36), à l'exubérant intérieur baroque. Puis, à proximité, le **Palácio da Bolsa** (p. 38) néoclassique. Quand les rayons du couchant dorent le Rio Douro, attablez-vous au **Wine Quay Bar** (p. 51) pour un apéritif avec vue sur les élégantes courbes du **pont Dom Luís I** (p. 44).

2e jour

FOTOKON / SHUTTERSTOCK ©

Explorez la gare de **São Bento** (p. 60), de style 1900. De là, l'**Avenida dos Aliados** (p. 60) déroule sa splendeur de style Beaux-Arts vers le nord. Faites des incursions dans les épiceries à l'ancienne de la **Rua de Sá da Bandeira**, puis flânez Rua de Santa Catarina jusqu'à la **Capela das Almas** (p. 60). Prenez une collation au **Café Majestic** (p. 67) ou une *francesinha* au **Café Santiago** (p. 62). Consacrez l'après-midi à une promenade-dégustation avec **Taste Porto** (p. 66) ou allez à la **Torre dos Clérigos** (p. 60) pour la vue spectaculaire sur la ville et pour la **Livraria Lello** (photo ; p. 60), néogothique. Réservez une table pour dîner au **MUU** (p. 65), branché urbain, ou à l'**Euskalduna Studio** (p. 65), gourmet, avant d'explorer les bars avec DJ des **Galerias** (p. 76).

Arriver à Porto

L'aéroport se situe à 16 km au nord-ouest du centre de Porto. Comptez environ 45 minutes pour rejoindre le centre-ville.

Depuis l'aéroport Francisco Sá Carneiro

Métro La ligne E (direction Estádio do Dragão) relie l'aéroport au centre de Porto, 6h-1h, 2 €

Bus Bus n°601 jusqu'à Cordoaria, 5h30-23h30, 2 €

Taxi 24 h/24, station devant l'Arrivée, 20-25 €

À l'aéroport

L'aéroport Francisco Sá Carneiro de Porto (p. 150) est moderne et bien conçu. Il compte des cafés, des restaurants et des boutiques ainsi qu'une poste, des DAB, des tables à langer pour les bébés, des loueurs de voitures, une consigne à bagages et un office du tourisme. Connexion Wi-Fi gratuite.

Comment circuler

Les transports publics sont à prix raisonnable. Acheter la carte rechargeable Andante (0,60 €) permet de circuler facilement en tramway, métro, funiculaire et sur de nombreuses lignes de bus. Pour les horaires, itinéraires et tarifs, consultez www.stcp.pt.

Métro

Le métro comporte 6 lignes qui fonctionnent de 6h à 1h du matin. Le billet coûte 1,20/1,60/2 € pour les zones 2/3/4. Pour les plans et plus de détails, consultez le site www.metrodoporto.pt.

Tramway

Trois lignes, circulant toutes les 30 minutes de 8h à 21h. Aller simple 3 €.

Bus

Vaste réseau, mais lent. Le billet aller simple coûte 1,95 € acheté à bord, 1,20 € avec la carte Andante.

Taxi

Pour une petite course, comptez 5 à 7 €. Il y a des stations dans le centre, sinon appelez le 225 076 400.

Les quartiers de Porto

Boavista (p. 123)

Boavista abrite des projets architecturaux résolument tournés vers le XXIᵉ siècle et une avenue du même nom vous conduit tout droit à l'océan Atlantique.

Serralves

Casa da Música

Foz do Douro et ses environs (p. 135)

Ce quartier en bordure d'Atlantique séduits par son jardin, son grand parc, sa promenade en bord de mer, ses plages, ainsi que par ses emblématiques phare et château.

Afurada

Massarelos (p. 111)

Massarelos est fort d'un jardin botanique, de restaurants typiques, de boutiques tendances et de galeries d'art.

Miragaia (p. 79)
Les rue labyrinthiques de Miragaia, avec une vie de quartier animée, vous plongent dans l'histoire de la ville avec ses musées intéressants et son riche héritage juif.

Aliados et Bolhão (p. 55)
Des épiceries à l'ancienne, des monuments emblématiques de la ville côtoient des boutiques et des bars branchés.

Ribeira (p. 33)
Le quartier le plus pittoresque de Porto, ses boutiques, ses bars et ses restaurants, sont bordés par le Douro et couronnés d'une imposante cathédrale.

Vila Nova de Gaia (p. 97)
Vue imprenable sur le Douro et dégustation de porto dans les chais.

ADÃO
BAZAR
MABRIL
FOTO
BAZAR MABRIL
festa
2.3.4 Set.

Explorer Porto

Vaut le détour

Promenades à pied

Rua de Santa Catarina (p. 57) TRABANTOS / SHUTTERSTOCK ©

Explorer

Ribeira

Classé au patrimoine mondial de l'Unesco, la Ribeira séduit par son dédale de ruelles médiévales qui descendent jusqu'au Douro et au Ponte de Dom Luís I. La promenade ménage une vue sur les chais de Vila Nova de Gaia, sur l'autre rive. Un Porto de carte postale où abondent touristes, boutiques et restaurants.

Commencez par l'incontournable cathédrale romane fortifiée (Sé ; p. 34), classée au patrimoine mondial. Poursuivez dans la pittoresque Rua das Flores qui abrite l'exceptionnel Museu da Misericórdia do Porto (p. 44), des cafés avec terrasse et des boutiques. Visitez l'élégant Palácio da Bolsa (p. 38), puis découvrez la toute proche Igreja de São Francisco (p. 36) éblouissante d'or et d'exubérance baroque.

Quand le soleil décline, baladez-vous sur les quais animés de Ribeira (p. 44), face à l'emblématique Ponte de Dom Luís I illuminé. Dînez à la Cantina 32 (p. 48) qui propose des petiscos (tapas portugaises) réinventés ou allez au Prova (p. 51) pour ses vins fins et sa douce ambiance jazzy.

Comment s'y rendre et circuler

Métro São Bento (ligne D, jaune).

Tramway Le tram n°1, qui longe le fleuve, relie le centre historique et le Passeio Alegre, à Foz. Il s'arrête Rua Nova da Alfândega en face de l'Igreja de São Francisco.

Plan de la Ribeira p. 42

Vue aérienne de la Ribeira JOYFULL / SHUTTERSTOCK ©

Les incontournables

Sé

Juchée à flanc de colline, cette cathédrale aux allures de forteresse surplombe un labyrinthe de ruelles et d'escaliers médiévaux. Construite au XIIe siècle, elle fut remaniée dans l'esprit baroque au XVIIIe siècle. C'est là que se déroula en 1387 le mariage du roi Jean Ier avec sa bien-aimée, la princesse Philippa de Lancastre, et que fut baptisé en 1394 leur fils, le prince Henri le Navigateur.

PLAN P. 42, E3

Terreiro da Sé

Cloître tarif plein/réduit 3/2 €

9h-19h avr-oct, 9h-18h nov-mars

La façade

Situées stratégiquement en haut d'une colline, la cathédrale et sa façade en granit local sont visibles de loin. Flanquée de deux imposantes tours et de créneaux, la Sé a des allures de forteresse. Malgré les éléments hétérogènes, on peut encore discerner des caractères romans dans sa silhouette. Sa terrasse offre une vue magnifique sur les toits et les ruelles du centre historique qui s'étagent jusqu'au Douro.

L'intérieur

La nef voûtée en berceau et la rosace rappellent ses origines romano-gothiques. Ne manquez pas le retable baroque, en argent massif richement travaillé, de la chapelle du Saint-Sacrement, la chapelle funéraire gothique de João Gordo, chevalier hospitalier au service du roi Denis Ier, et le bas-relief en bronze du sculpteur António Teixeira Lopes représentant le baptême du Christ par saint Jean-Baptiste.

Le cloître et la loggia

Havre de calme, propice à la contemplation, le cloître gothique est décoré d'élégants azulejos du XVIIIe siècle dont de somptueuses scènes du *Cantique des cantiques*. La loggia baroque, œuvre de l'architecte italien Nicolau Nasoni, est également ornée de céramiques du XVIIIe siècle, de Valentim de Almeida, illustrant la vie de la Vierge.

Les abords

D'autres trésors encore se dressent aux abords de la cathédrale : un pilori torsadé de style néo-pombalin, le Chafariz de São Miguel, une fontaine du XVIIIe siècle, œuvre de Nasoni, surmontée d'une petite statue de l'archange Saint-Michel et la grande façade baroque du Paço Episcopal, ancienne résidence des évêques de Porto.

★ Bons plans

- Assistez à un office (messe à 11h le dimanche ou vêpres tous les soirs à 19h).
- Retournez en fin de journée à la cathédrale pour faire de superbes photos de la vieille ville et du fleuve.
- Enfoncez-vous dans le dédale de ruelles alentour qui ménagent moult surprises.

Une petite faim ?

Envie de café, de gâteaux maison ou d'un petit déjeuner ? allez au Mercador Café (p. 47) voisin.

Descendez la longue volée de marches pour rejoindre les berges de la Ribeira et déjeuner de *petiscos* chez Jimão (p. 49).

Les incontournables

Palácio da Bolsa

Imposant édifice néoclassique, bâti entre 1842 et 1910, le Palácio da Bolsa (palais de la Bourse) témoigne par sa splendeur de la puissance passée et présente des négociants de Porto. Ses salles sont richement décorées de belles peintures murales, mosaïques et œuvres d'art.

PLAN P. 42, A5

Palais de la Bourse

www.palaciodabolsa.com

Rua Ferreira Borges

Visite guidée tarif plein/réduit 9/5,50 €

9h-18h30 avr-oct, 9h-12h30 et 14h-17h30 nov-mars

Salão Árabe

Joyau du palais, le spectaculaire salon arabe est orné d'un riche et fin décor mauresque de stuc, recouvert de quelque 20 kg d'or. Inspiré de celui de l'Alhambra, il allie la grâce dansante des arabesques sur fond de mur polychrome à de fines colonnes élancées qui s'élèvent jusqu'aux arcs outrepassés et aux vitraux.

Pátio das Nações

La vaste cour des Nations, juste après le vestibule, est éclairée par une verrière octogonale. On y voit représentées les armoiries du Portugal et celles des pays avec lesquels il commerçait. Les mosaïques gréco-romaines au sol sont inspirées de celles de Pompéi.

Gabinete de Gustave Eiffel

C'est dans ce bureau, sobrement meublé, que Gustave Eiffel travailla de 1875 à 1877 à la construction du viaduc de Porto, une douzaine d'années avant celle de la tour Eiffel. La vue donne sur le pont de Dom Luís I (réalisé par l'un de ses disciples), mais c'est le pont Maria Pia, qu'on ne voit pas d'ici, qui est l'œuvre d'Eiffel.

Escadaria Nobre

Le majestueux Grand Escalier en granit et marbre est décoré de bustes des sculpteurs António Soares dos Reis et António Teixeira Lopes, d'une paire de lustres en bronze et de fresques au plafond d'António Ramalho.

Sala do Tribunal

La grande salle du Tribunal, décorée de boiseries et de fresques dans le style néo-Renaissance français, témoigne de l'importance passée et présente de l'activité commerciale dans la ville et la région.

★ À savoir

- Visite guidée obligatoire (30 minutes, départ toutes les 30 minutes).
- Dans la Sala dos Retratos (salle des Portraits), remarquez la table richement travaillée, œuvre de Zeferino José Pinto : il mit trois ans à la réaliser avec un couteau de poche.
- Conjuguez une visite avec une dégustation de vin de **ViniPortugal** (Plan p. 42, B5 ; www.viniportugal.pt/ogivalrooms ; 🕑11h-19h lun-sam avr-oct, 14h-19h lun-sam nov-mars).

Une petite faim ?

Attardez-vous dans la splendeur palatiale d'**O Comercial** (Plan p. 42, B5 ; ☎918 838 649 ; www.ocomercial.com ; menu fixe 3 plats déj/dîner 17/23 € ; 🕑12h30-15h et 19h30-22h30 lun-ven, 19h30-23h30 sam) et sa cuisine méditerranéenne.

Tout prêt, vous pourrez apprécier Slow Food et vins portugais à l'Ode Porto Wine House (p. 51).

Promenade à pied

Le Porto classé par l'Unesco

Patchwork chaotique de bâtiments colorés, de clochers élancés et d'églises gothiques et baroques, le cœur historique de Porto, inscrit au patrimoine mondial de l'Unesco, est un adorable dédale de vieilles pierres où il fait bon flâner. Vieux commerces et cafés en terrasse laissent place, de temps à autre, à des miradouros (belvédères) révélant de formidables panoramas sur Porto.

Itinéraire

Départ Igreja da Misericórdia

Arrivée Ponte de Dom Luís I

Distance et durée 4 km ; 4 heures

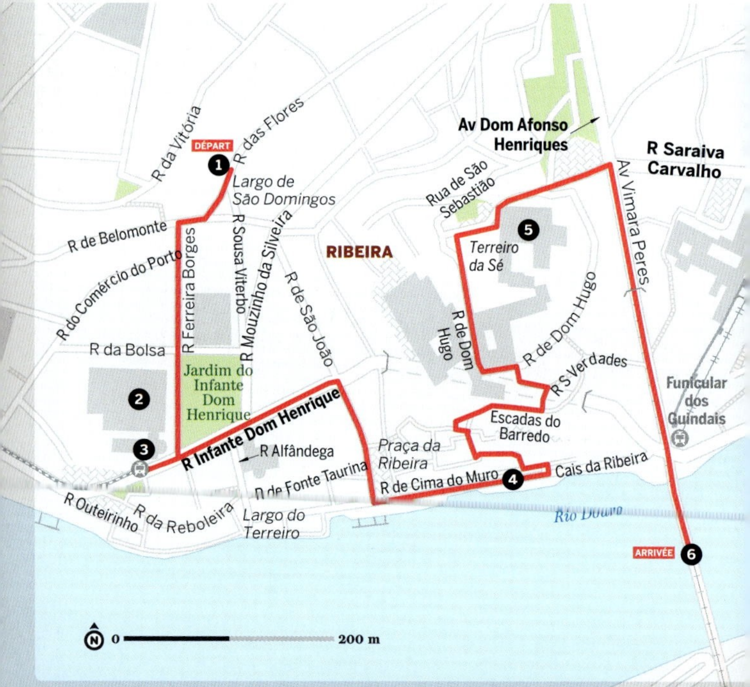

❶ Museu da Misericórdia do Porto

Prenez la Rua das Flores, l'une des plus charmantes de la Ribeira, bordée d'épiceries, de cafés et de boutiques, et où des *street artists* s'en sont donné à cœur joie. Tout au bout, sur la droite, se dresse le **Museu da Misericórdia do Porto** (p. 44), beauté baroque conçue par Nicolau Nasoni, qui recèle un intérieur riche en azulejos bleu et blanc.

❷ Palácio da Bolsa

La Rua Ferreira Borges vous conduira jusqu'au Jardim do Infante Dom Henrique, flanqué des halles du Mercado Ferreira Borges, du XIXe siècle, et de la majestueuse architecture néoclassique du **Palácio da Bolsa** (p. 38). Sur son piédestal, une statue d'Henri le Navigateur domine la place.

❸ Igreja de São Francisco

Bifurquez à droite pour atteindre la Praça Infante Dom Henrique et l'**Igreja de São Francisco** (p. 36), la plus belle église de Porto : l'austérité gothique de son extérieur cache des splendeurs baroques où l'or est omniprésent.

❹ Cais da Ribeira

En flânant sur les **quais de la Ribeira** (p. 44), sans doute percerez-vous quelques mystères de l'âme *portuense*. Ici se trouve le Porto de carte postale, celui des maisons aux couleurs pastel, des flots tumultueux du Douro et des musiciens de rue. Sous l'arc parfait du pont Dom Luís I, à quai devant les terrasses des cafés et des restaurants, de pittoresques *barcos rabelos* (bateaux à fond plat) tanguent. La photo parfaite, on vous dit !

❺ Sé

Du fleuve, d'abrupts escaliers grimpent vers la merveille de Porto, sa **cathédrale** fortifiée (p. 34). Sa nef et son cloître aux confluents du roman et du baroque résonnent d'une riche histoire, tandis que sa terrasse offre un magnifique panorama sur la cité.

❻ Ponte de Dom Luís I

Quittez la cathédrale par la Calçada de Vandoma, puis prenez à droite dans l'Avenida Vimara Peres qui vous conduira jusqu'au **pont Dom Luís I** (p. 44), dont l'élégante silhouette métallique fait un bond spectaculaire au-dessus du Douro. Traversez-le pour la vue spectaculaire, en guettant les intrépides qui sautent depuis l'étage inférieur.

Nos adresses
Les incontournables p. 34
Voir p. 44
Se restaurer p. 46
Prendre un verre p. 51
Sortir p. 51
Shopping p. 52
A
B
C
D
1
2
3
4
5
6
R São Miguel
R São Bento da Vitória
R da Vitória
R das Flores
R Mouzinho da Silveira
R da Bainharia
R de Belomonte
R do Comércio do Porto
R da Bolsa
R Ferreira Borges
R Sousa Viterbo
R de São João
R dos Mercadores
R Santana
R Infante Dom Henrique
R Alfândega
R São Nicolau
R de Fonte Taurina
R da Reboleira
R Outeirinho
Muro dos Bacalhoeiros
R de Bai
Museu da Misericórdia do Porto 3
Largo de São Domingos
L&L 12
Oporto Share 7
Instituto dos Vinhos do Douro e do Porto 13
Palácio da Bolsa
ViniPortugal
O Comercial
Jardim do Infante Dom Henrique 4
Igreja de São Francisco
Casa do Infante 5
Largo do Terreiro
Praça da Ribeira 1
iPoint Ribeira
17
19
18
44
16
42
21
41
30
25
22
15
28
29
46
32
39
38
20
35
23
34
24
27
31
33
26

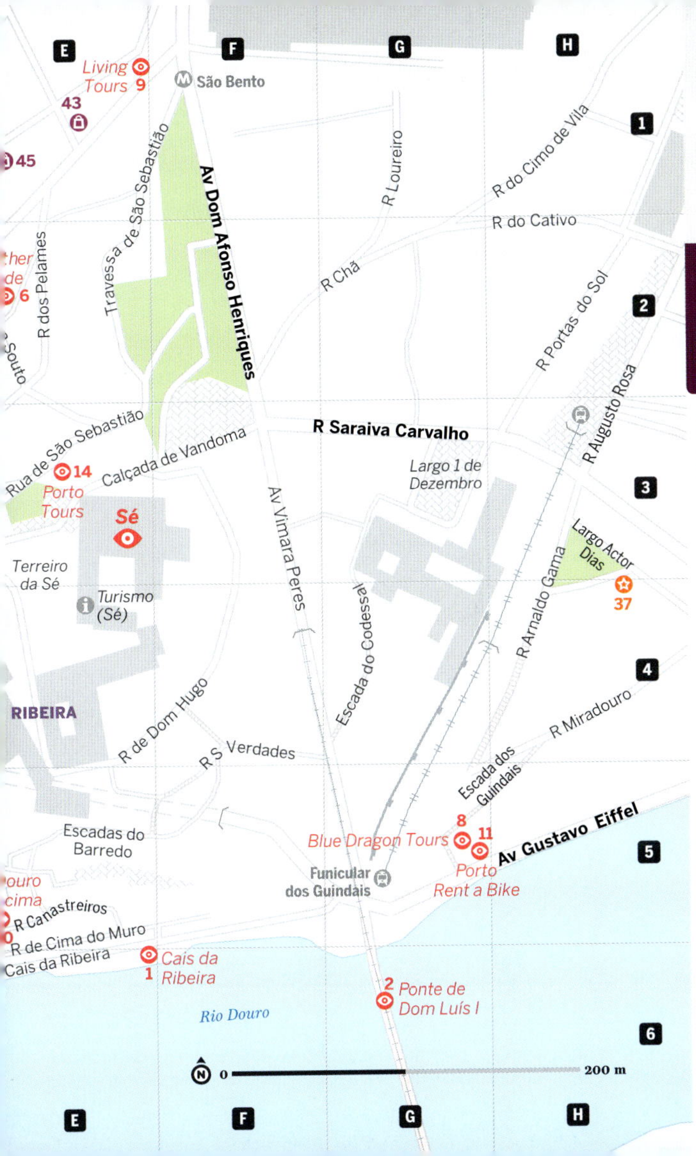
E
F
G
H
Living Tours 9
São Bento
43
45
1
R do Cimo de Vila
R Loureiro
Av Dom Afonso Henriques
Travessa de São Sebastião
R do Cativo
R dos Pelames
6
Souto
R Chã
R Portas do Sol
2
R Augusto Rosa
R Saraiva Carvalho
Rua de São Sebastião
Calçada de Vandoma
14
Porto Tours
Largo 1 de Dezembro
3
Sé
Av Vimara Peres
Largo Actor Dias
Terreiro da Sé
R Arnaldo Gama
37
Turismo (Sé)
Escada do Codessal
4
RIBEIRA
R de Dom Hugo
R Miradouro
R S Verdades
Escada dos Guindais
8
Escadas do Barredo
Blue Dragon Tours
11
Av Gustavo Eiffel
5
Funicular dos Guindais
Porto Rent a Bike
R Canastreiros
R de Cima do Muro
Cais da Ribeira
Cais da Ribeira
1
2
Ponte de Dom Luís I
Rio Douro
6
0
200 m

Voir

Praça et Cais da Ribeira

QUAIS DE DOURO

1 PLAN P. 42, E6

En descendant vers le Rio Douro, des ruelles débouchent sur une place et une promenade (les *cais*) au bord du fleuve. D'ici, on a une magnifique vue d'ensemble de la ville : immeubles aux teintes pastel, *barcos rabelos* (barques à fond plat) autrefois utilisées pour le transport du porto, une belle vue sur les chais de l'autre côté du fleuve ainsi que sur le pont Dom Luís I. Sous les arcades, des musiciens donnent la sérénade et des cuisiniers s'affairent aux grils devant les minuscules *tascas* (tavernes).

Ponte de Dom Luís I

PONT

2 PLAN P. 42, G5

Achevé en 1886, ce pont est l'œuvre de Théophile Seyrig, un disciple de Gustave Eiffel. Son tablier supérieur est aujourd'hui réservé aux piétons et au métro. Les voitures empruntent le tablier inférieur (avec d'étroits passages pour les piétons). Belle vue sur le fleuve et sur la vieille ville. Très impressionnants : les casse-cous qui sautent depuis le niveau inférieur.

Museu da Misericórdia do Porto

ÉGLISE, MUSÉE

3 PLAN P. 42, B3

Ce musée réussit l'harmonie entre une architecture de pointe, une précieuse collection de portraits et d'art sacré (XVe-XVIIe siècle), et l'une des plus belles églises de la Ribeira, l'Igreja da Misericórdia. Dessinée par l'architecte italien baroque Nicolau Nasoni, l'église est ornée, à l'intérieur, d'azulejos bleu et blanc. L'œuvre la plus impressionnante du musée est une grande peinture flamande de la Renaissance, la *Fons Vitae* (Fontaine de Vie), représentant Dom Manuel I et sa famille autour d'une fontaine de sang, provenant du Christ crucifié. (MMIPO ; www.mmipo.pt ; Rua das Flores 5 ; adulte/enfant 5/2,50 € ; 10h-18h30 avr-sept, 10h-17h30 oct-mars)

Un pont sur les eaux troubles

La construction du pont de Dom Luís I sur le Douro fut un événement car jusque-là les piétons devaient franchir le fleuve sur un pont constitué de vieilles barques à porto, arrimées les unes aux autres. Pour ne rien arranger, en l'absence de barrage en amont, le courant était alors plus violent. Lors de l'invasion napoléonienne, en 1809, le pont de fortune céda, précipitant les passants pris de panique dans les eaux tumultueuses, où beaucoup se noyèrent.

Ce n'est toutefois qu'en 1886 que ce pont fut construit par Théophile Seyrig, un architecte allemand associé de Gustave Eiffel. Il détenait alors le record de la plus grande travée en fer du monde (172 m).

Jardim do Infante Dom Henrique

ESPACE VERT

4 PLAN P. 42, B5

Dominée par les halles (fin XIXe siècle) du Mercado Ferreira Borges et par le Palácio da Bolsa, néoclassique, cet espace vert doit son nom à la statue centrale. Dressée sur un piédestal, elle représente le prince Henri le Navigateur (1394-1460), qui joua un rôle clé lors des grandes découvertes. (Rua Ferreira Borges)

Casa do Infante

BÂTIMENT HISTORIQUE

5 PLAN P. 42, C5

Cette maison médiévale restaurée aurait vu naître Henri le Navigateur, en 1394. Elle tint ensuite le rôle de première douane de Porto. Elle abrite aujourd'hui trois étages d'expositions. En 2002, des fouilles ont mis au jour des fondations romaines et des mosaïques que l'on découvre lors de la visite. (Rua Alfândega 10 ; tarif adulte/enfant 2,20 €/gratuit ; 9h30-13h et 14h-17h30 mar-dim)

Other Side

CIRCUITS ORGANISÉS

6 PLAN P. 42, E2

Des guides sympathiques vous font connaître leur ville à travers des balades à pied d'une demi-journée dans le Porto secret (19 €), un circuit promenade et gastronomie (49 €) ou des circuits oenologiques (55 €). Ils vous entraînent aussi plus loin, avec des excursions à la journée dans les vignobles du Douro (95 €), et jusqu'à Guimarães et Braga (85 €). (916 500 170 ; www.theotherside.pt ; Rua Souto 67 ; 9h-20h)

Oporto Share

CIRCUITS ORGANISÉS

7 PLAN P. 42, D3

Vous préférez vous balader en Vespa plutôt qu'à pied ? Oporto Share propose des visites rapides en scooter. Ou encore des circuits plus longs en monospace. (220 999 120 ; www.oportoshare.pt ; Rua da Bainharia 20 ; circuits à partir de 20 €)

Blue Dragon Tours

CIRCUITS ORGANISÉS

8 PLAN P. 42, G5

Blue Dragon propose des sorties à vélo alliant, par exemple, vieille ville et bords du Douro (32,50 €). Également des promenades à pied, dont le Best of Porto (18 €), un circuit gastronomie et vin (55 €), ou des balades de 2 heures en gyropode (45 €). Les tarifs varient selon le nombre de participants. (222 022 375 ; www.bluedragon.pt ; Av Gustavo Eiffel 280 ; circuits à partir de 18 €)

Living Tours

CIRCUITS ORGANISÉS

9 PLAN P. 42, E1

Ce prestataire accueillant propose une large gamme de circuits : promenade à pied en ville (37,50 €), soirée fado avec dîner (70 €), excursions à la journée dans le Douro et le Minho (98 €), etc. (228 320 992 ; www.livingtours.pt ; Rua Mouzinho da Silveira 352-354 ; 9h-20h avr-oct, 9h-18h nov-mars)

Douro Acima PROMENADES EN BATEAU

10 PLAN P. 42, E5

Croisières de 50 minutes le long du Douro en *barcos rabelos*. Départ toutes les 30 minutes. (www.douroacima.pt ; Rua dos Canastreiros 40 ; tarif plein/enfant 15/7,50 € ; 10h-18h30 avr-oct, 10h-16h30 mars)

Porto Rent a Bike VÉLO

11 PLAN P. 42, G5

Loueur de vélo situé dans le centre : vélos de ville, vélos électriques, tandems et vélos pliants. (912 562 190, 222 022 375 ; www.portorentabike.com ; Av Gustavo Eiffel 280 ; location de vélo à partir de 10/15 € la demi-journée/journée ; 10h-14h et 15h-19h)

L&L VÉLO

12 PLAN P. 42, B3

Loueur de vélo situé au cœur de la Ribeira. (223 251 722 ; www.lopesrentabike.wix.com/porto ; 2e niv., Largo de São Domingos 13 ; location de vélo 1 heure/24 heures 2,50/15 € ; 10h-20h)

Instituto dos Vinhos do Douro e do Porto VIN

13 PLAN P. 42, B4

Les viticulteurs de la région désireux d'obtenir la prestigieuse dénomination "porto" soumettent des échantillons de leurs crus aux laboratoires surplombant le fleuve. Ils sont fermés aux visiteurs, qui pourront néanmoins découvrir l'exposition dans le hall et profiter des dégustations dans la boutique attenante : de 1,50 € à 6,50 €, demandez une carte à l'entrée. (www.ivdp.pt ; Rua Ferreira Borges 27 ; 11h-19h lun-ven)

Porto Tours CIRCUITS ORGANISÉS

14 PLAN P. 42, E3

Cet excellent service municipal recense les activités disponibles à Porto et pourra vous aiguiller. Outre ses conseils impartiaux, il peut aussi assurer les réservations. (222 000 045 ; www.portotours.com ; 10h-19h)

Se restaurer

Taberna do Largo PORTUGAIS €

15 PLAN P. 42, B3

Tenue par Joana et Sofia, cette agréable taverne-épicerie-traiteur invite à faire le tour du Portugal avec les papilles. Le superbe choix de vins (raisins récoltés à la main) accompagne à merveille les assiettes dégustation : thon fumé, *salpicão* (saucisson piquant) de l'Alentejo, fromage São Jorge des Açores, *morcela* (boudin noir) de la Beira, *tremoços* (graines de lupin) et autres. (222 082 154 ; Largo de São Domingos 69 ; petiscos 2-14 € ; 17h-minuit mar-jeu, 17h-1h ven, 12h-1h sam, 12h-minuit dim ;)

Mercearia das Flores TRAITEUR €

16 PLAN P. 42, D2

Ce traiteur de style rustique chic sert des *petiscos* à base de produits régionaux bio, à déguster dans un espace clair et spacieux. On peut aussi commander du vin au verre, du thé des Açores et de la bière locale, Sovina. Goûtez les sardines épicées sur de la *broa* (pain de maïs). (Rua das Flores 110 ; petiscos 2,50-8,50 € ; 10h30-21h lun-sam, 12h-20h dim ;)

Chocolataria das Flores CAFÉ €

17 PLAN P. 42, D2

Dans ce petit café douillet, vous pourrez grignoter un en-cas léger, du type quiche-salade, mais ce n'est qu'un prélude au principal attrait : les chocolats, gâteaux, tartes, cookies maison et un chocolat chaud si épais qu'on peut y faire tenir debout une cuillère. Le brunch ne coûte que 10 €. (Rua das Flores 121 ; café et gâteau 2,50 €, en-cas 4-7 € ; 10h-20h)

Da Terra VÉGÉTARIEN €

18 PLAN P. 42, D2

La tendance vers une cuisine plus légère et super-saine touche aujourd'hui Porto, comme en témoigne le buffet servi à Da Terra. Ce bistrot contemporain très couru propose une cuisine végétarienne et végétalienne avec des salades créatives, des tagines et des plats d'inspiration thaïe. Il excelle aussi dans les jus de fruits frais et les desserts. Ateliers et cours de cuisine. (223 199 257 ; www.daterra.pt ; Rua Mouzinho da Silveira 249 ; buffet 9,90 € ; 12h-23h ;)

Mercador Café CAFÉ

19 PLAN P. 42, D1

Une délicieuse adresse pour une pause, au milieu de la Rua das

Mercearia das Flores

Folie et coups de marteau : la Saint-Jean à Porto

La **Festa de São João** (fête de la Saint-Jean ; 24 juin), qui se déroule dans la nuit du 23 au 24 juin, prend une folle dimension à Porto. C'est l'une des fêtes de rue les plus animées d'Europe. L'une des traditions les plus étonnantes, spécifique à Porto, veut que ce soir-là chacun s'achète un marteau *(martelo)* en plastique pour frapper sur la tête de qui il veut ! C'est aussi une manière de marquer ses sentiments car saint Jean serait censé favoriser les amours. Les plus romantiques offre à leur bien-aimée un *manjerico* (pot de basilic) accompagné d'un poème.

Ces batailles de marteau déclenchent, on s'en doute, force rires charmeurs, franches rigolades, cris perçants et poursuites endiablées dans le dédale de ruelles médiévales qui débouchent sur les bords du fleuve. Les origines de cette *festa* remontent probablement aux rituels païens qui célébraient le solstice d'été et favorisaient l'abondance des récoltes. En tout cas, c'est l'agitation dans les rues de la ville où une foule de gens armés de marteaux fait des orgies de sardines grillées et de *vinho*, danse à perdre haleine et fait s'envoler des lanternes dans le ciel en faisant des vœux.

Flores, l'une des plus jolies rues de Porto. Choisissez parmi les gâteaux et pâtisseries maison exposés en vitrine, installez-vous pour prendre un sandwich toasté ou faites honneur à la cuisine traditionnelle du menu du jour au déjeuner. (223 323 041 ; www.facebook.com/mercadorcafe ; Rua das Flores 180 ; en-cas 3-6 € ; 9h-20h lun-sam ;)

Café do Comércio — CAFÉ €

20 PLAN P. 42, A4

Dans une petite rue, à l'écart de la foule, cet adorable petit café, orné de gravures de feuilles aux murs et avec juste quelques tables de style bistrot moderne, propose une carte toute simple et savoureuse, d'excellents petits-déjeuners, de délicieux gâteaux et café, pancakes, sandwichs toastés et toujours une ou deux options véganes. (220 990 366 ; Rua do Comércio do Porto 124 ; en-cas 2-6 € ; 9h-17h mar-sam, 9h-1h dim ;)

Cantina 32 — PORTUGAIS €€

21 PLAN P. 42, C2

Murs en béton ciré, vaisselle dépareillée, plantes et objets vintage en tout genre, du vélo à la machine à écrire : entre industriel-chic et bobo, ce lieu respire une ambiance délicieusement décontractée. La carte aussi est informelle avec ses *petiscos* : steak sauce *pica-pau* (morceaux de steak dans une sauce piquante à l'ail et au vin blanc), croquettes d'œuf de caille ou cheese-cake servi dans un pot de fleurs témoignent d'une fantaisie certaine. Réservez. (222 039 069 ; www.cantina32.com ; Rua das Flores 32 ; petiscos 3,50-20 € ; 12h30-15h et 18h30-22h30 lun-sam ;)

Puro 4050 MÉDITERRANÉEN €€

22 PLAN P. 42, B3

Situé dans le quartier des spots huppés, ce restaurant chic de style méditerranéen, avec bar à mozzarella, a tellement la cote qu'il faut généralement réserver. Allez-y avec des amis, car le menu est parfait pour partager. (222 011 852 ; www.puro4050.com ; Largo de São Domingos 84 ; assiette à partager 11-13 €, plats 11-25 € ; 12h30-15h et 18h30-22h30 lun-jeu, jusqu'à 23h ven-sam).

Taberna dos Mercadores PORTUGAIS €€

23 PLAN P. 42, D5

Dans cette taverne, tapissée de bouteille, la cuisine ouverte permet de voir le chef mener sa barque avec fermeté et servir une superbe cuisine portugaise, sans jamais se départir de son sourire du midi jusqu'au soir. Au menu figurent des plats simples comme le *arroz de polvo no forno* (riz au poulpe cuit au four), la *feijoada* ou des viandes et poissons grillés. (222 010 510 ; Rua dos Mercadores 36 ; 14-22 € ; 12h30-15h30 et 19h-23h mar-dim)

Jimão PETISCOS €€

24 PLAN P. 42, D5

Au milieu des nombreux restaurants touristiques de la Praça da Ribeira (p. 44), Jimão fait figure d'exception. Le service est vraiment aimable, la salle à manger en étage jouit d'une vue formidable sur la Ribeira, et ses tapas – gambas à l'ail, salade de poulpe et morue, toasts à la sardine et autres – sont préparés avec soin et servis avec des vins délicieux. (220 924 660 ; www.jimao.pt ; Praça da Ribeira 11 ; tapas 4-7 € ; 12h-22h mer-lun)

Cantinho do Avillez GASTRONOMIE €€

25 PLAN P. 42, D3

Dernière aventure du célèbre chef José Avillez, ce nouveau venu sur la scène gastronomique de Porto est un bistrot contemporain lumineux, avec une touche rétro, une ambiance animée et décontractée. Au menu figurent des plats portugais de saison revisités avec une pointe d'imagination comme l'effiloché de *bacalhau* (morue) aux olives fondantes qui "explosent" en bouche ou les crevettes rouges géantes de l'Algarve aux épices thaïes. (223 227 879 ; cantinhodoavillez.pt ; Rua Mouzinho da Silveira 166 ; plats 18-40 € ; 12h30-15h et 19h-minuit lun-ven, 12h30-minuit sam-dim)

Bacalhau PORTUGAIS €€

26 PLAN P. 42, A6

Le nom de *bacalhau* (morue) indique la grande spécialité de ce restaurant. Attablez-vous en terrasse pour observer le va-et-vient sur le fleuve en grignotant des *petiscos* typiquement portugais et des plats à base de *bacalhau* comme la morue fraîche avec un jaune d'œuf, l'*açorda* de morue ou la morue aux fanes de navets et au chorizo. (☎222 010 521, 960 378 883 ; www.bacalhauporto.com ; Muro dos Bacalhoeiros 153 ; petiscos 4,50-8,50 €, plats 12-16 € ; 11h-23h dim-jeu, 11h minuit ven-sam ;)

A Grade

PORTUGAIS €€

27 PLAN P. 42, B6

Ce modeste restaurant familial fait une cuisine traditionnelle de premier ordre. Mention spéciale au poulpe au beurre et au vin, aux joues de porc braisées, ainsi qu'aux poissons et fruits de mer grillés. Portions généreuses. Réservation conseillée. (☎223 321 130 ; Rua de São Nicolau 9 ; plats 10-15 € ; 10h30-minuit lun-sam ;)

Traça

PORTUGAIS €€

28 PLAN P. 42, C3

Niché dans un bâtiment du XVIIe siècle qui abritait autrefois une pharmacie, ce restaurant à l'intérieur rétro-cool a pour spécialité la cuisine du terroir, en particulier d'excellentes viandes : steak T-bone, chevreau rôti, confit de jarret de veau à la vodka et autres. Les places en terrasse s'arrachent au moindre rayon de soleil. (☎222 081 065 ; www.restaurantetraca.com ; Largo de São Domingos 88 ; menu déj 8,50 €, plats 14,50-36 € ; 12h-15h30 et 19h-minuit dim-jeu, jusqu'à 2h ven, 12h30-16h30 et 19h-2h sam)

DOP

GASTRONOMIQUE €€€

29 PLAN P. 42, B3

Logé dans un grand bâtiment, ce restaurant, au décor monochrome et épuré, est l'un des plus chics de Porto. Son célèbre chef, Rui Paula, donne un tour créatif à des ingrédients de saison, en élaborant des plats aux saveurs riches et délicates, depuis le carpaccio de poulpe jusqu'à la morue accompagnée de riz au homard. Le menu à 27 € (3 plats) est d'un excellent rapport qualité/prix. (☎222 014 313 ; www.ruipaula.com ; Largo de São Domingos 18 ; menus 27-90 € ; 19h30-23h lun, 12h30-15h et 19h30-23h mar-sam ;)

LSD

EUROPÉEN MODERNE €€€

30 PLAN P. 42, C3

Rien à voir avec l'hallucinogène, ce bistrot au cadre contemporain, dans les tons jaune et gris et à la lumière douce, brille par sa belle animation. Le chef joue sur la qualité et les saveurs des ingrédients avec une touche unique, de la volaille élevée en liberté accompagnée de nectarines au duo glace à la pastèque et à la menthe pouliot. (☎223 231 268, 910 298 589 ; www.facebook.com/largodesaodomingos ; Largo de São Domingos 78 ; formule déjeuner/menu 9/10,50 €, plats 18-20 € ; 9h-2h ;)

Ode Porto Wine House

PORTUGAIS €€€

31 PLAN P. 42, C6

Un refuge Slow Food, en amont du Douro, avec murs en pierre apparente, poutres en châtaignier et tables en ardoise posées sur des tonneaux de vin. Tous les ingrédients sont portugais – pain de Bragança, origans de l'Algarve, porc fumé du Minho ou fromage de brebis de l'Alentejo. Réservation obligatoire. (913 200 010 ; www.facebook.com/odeportowinehouse ; Largo do Terreiro 7 ; plats 26-32 €, menus 65-95 € ; 19h-22h30 mar-dim)

Prendre un verre

Prova

BAR À VINS

32 PLAN P. 42, B4

En discutant avec Diogo, patron enthousiaste de ce bar chic, aux murs en pierre apparente et à la douce musique jazz, vous découvrirez les subtiles nuances des vins portugais. Optez pour la dégustation de deux vins différents (5 €) et partagez assiettes de charcuteries et de fromages locaux (14 €). Les portos tonics de Diogo sont réputés. (www.prova.com.pt ; Rua Ferreira Borges 86 ; 17h-1h ;)

Wine Quay Bar

BAR À VINS

33 PLAN P. 42, C6

Ce bar à vins au bord du Rio Douro est parfait au coucher du soleil. Assis en terrasse, vous pourrez contempler la gracieuse arche du pont Dom Luís I et les chais de Vila Nova de Gaia sur l'autre rive, en dégustant de savoureux vins portugais accompagnés de jambon cru, fromage et olives, entre autres en-cas. (www.winequaybar.com ; Cais da Estiva 111 ; 16h-23h lun-sam ;)

Portologia

BAR À VINS

34 PLAN P. 42, D5

Ce bar à vins cosy permet de faire son choix parmi d'excellents portos, avec plus de 200 crus proposés. Si vous avez un coup de cœur, vous pourrez acheter la bouteille et même faire envoyer une caisse chez vous. Dégustation de 3 portos à partir de 10 €. (www.vinologia.pt ; Rua de São João 28-30 ; 11h-minuit)

Wine Box

BAR À VINS

35 PLAN P. 42, D4

Caisses de vin et murs noirs constituent la déco de ce lieu branché, avec une bonne ambiance. Quelque 450 vins (au dernier comptage) à la carte, dont certains disponibles au verre. Les *petiscos* complètent merveilleusement le tableau. Dommage que les serveurs soient indifférents et que le menu soit sur tablette. (www.thewineboxporto.com ; Rua dos Mercadores 72 ; 13h30-minuit jeu-mar ;)

Sortir

Casa da Mariquinhas

FADO

36 PLAN P. 42, D3

Dans cette taverne traditionnelle, bourrée de caractère, vous pourrez écouter des interprètes de fado

Dégustation de vin

Située dans l'imposant Palácio da Bolsa, la salle de dégustation de **ViniPortugal** (p. 39) est un endroit idéal pour affiner votre connaissances des vins portugais, notamment ceux de la région du Douro. Une *enocard* (3 €) vous donne le droit de déguster 2 à 4 vins parmi une sélection de 12 crus de différentes régions du pays. Le personnel, sympathique et compétent, saura vous en parler.

dès 21h du mercredi au samedi. Consommation minimum : 37 €/personne. Réservation conseillée. (www.casadamariquinhas.pt ; Rua de São Sebastião 25 ; 20h-1h mer-jeu, 20h-2h ven-sam)

Hot Five Jazz & Blues Club JAZZ

37 PLAN P. 42, H4

Une adresse pour écouter du jazz, du blues et du folk live ou des bœufs improvisés. Une salle moderne mais intimiste, avec des petites tables rondes face à la scène et sur un balcon en hauteur. Les concerts commencent souvent plus tard que prévu. (934 328 583 ; www.hotfive.pt ; Largo Actor Dias 51 ; 22h-3h mer-dim).

Shopping

Oliva & Co ALIMENTATION

38 PLAN P. 42, B4

Tout ce que vous avez toujours voulu savoir sur l'huile d'olive portugaise devient parfaitement clair dans ce magasin où sont présentées les six régions portugaises produisant de l'huile extra-vierge d'origine protégée (PDO). Outre d'excellentes huiles et olives, on y trouve aussi des biscuits, du chocolat et des savons à base d'huile d'olive. Goûtez avant d'acheter ou participez à une dégustation. (www.olivaeco.com ; Rua Ferreira Borges 60 ; 10h-19h lun-ven, 10h-20h sam)

Zinda Atelier CÉRAMIQUES

39 PLAN P. 42, B4

Dans son petit atelier au cœur de la Ribeira, on voit souvent Adosinda Pereira, une artiste céramiste basée à Porto, en train de réaliser sa dernière création. Si vous avez envie d'une *andorinha* (hirondelle) ou d'un subtil azulejo, fabriqué à la main, c'est ici. (zindaatelier.com ; Rua Ferreira Borges 63 ; 14h30-19h30 lun-sam)

Loja das Conservas ALIMENTATION

40 PLAN P. 42, D2

Ode à l'humble poisson en conserve, ce magasin regorge de boîtes de thon, de *bacalhau* et de sardines, dans des emballages rétro (2,50 €-4 €), qui font d'amusants cadeaux. En entrant, ne manquez pas les sardines farcies. (Rua de

Mouzinho da Silveira 240 ; 10h30-20h lun-sam)

Claus Porto COSMÉTIQUES

41 PLAN P. 42, C3

C'est ici le plus récent magasin de la ville de la vénérable marque Claus Porto fondée en 1887 : luxueux savons, crèmes, eaux de cologne, bougies, diffuseurs sont fabriqués à la main avec des ingrédients portugais traditionnels et illustrés de motifs vintages. (clausporto.com ; Rua das Flores 22 ; 10h-20h)

43 Branco ARTS ET ARTISANATS

42 PLAN P. 42, C2

Ce nouveau *concept store* qui présente des articles d'artisanat, de mode et de design intérieur portugais fait souffler un vent de créativité dans la Rua das Flores. Vous y trouverez aussi bien des bijoux en filigrane sertis de pierres précieuses de Maria Branco que d'amusantes boîtes à crayon sardines. (Rua das Flores 43 ; 11h-19h lun-sam)

Chocolateria Ecuador CHOCOLATS

43 PLAN P. 42, E1

Pour les amateurs de chocolat et autres douceurs, c'est un paradis : tablettes de chocolat au ravissant emballage un peu rétro, truffes – sublimes truffes au chocolat noir et au porto – pralines, macarons et bonbons. De quoi (se) faire plaisir. (www.chocolatariaequador.com ; Rua das Flores 298 ; 11h-19h30)

Retrosaria das Flores ARTS ET ARTISANATS

44 PLAN P. 42, D2

Cette mercerie au charme rétro est un endroit merveilleux où fouiner à la recherche de boutons, de pelotes de laines, de broderies ou de tissus imprimés hauts en couleurs (certains ont servi à confectionner des sacs qui attirent l'œil). Elle organise aussi des ateliers. (Rua das Flores 104 ; 9h30-13h et 14h-19h lun-sam)

Tradições CADEAUX ET SOUVENIRS

45 PLAN P. 42, E1

En matière de souvenirs du Portugal, cette adorable boutique a tout pour plaire. Son patron connaît l'histoire de tous ses articles : depuis les sacs en liège de l'Alentejo jusqu'à la fleur de sel de l'Algarve, au miel de Lousã ou aux azulejos de Lazuli. (Rua das Flores 238 ; 10h-19h)

Loja das Tábuas ARTS ET ARTISANATS

46 PLAN P. 42, B3

Comme son nom l'indique, cette boutique est spécialisée dans les *tábuas* (planches à découper) en beau chêne portugais. Il y en a de toutes les tailles et de toutes les formes (à partir de 16 € environ) ainsi que des articles en liège et de robustes jouets en bois. Nous avons un faible pour les sardines en liège à mettre au mur. (www.lojadastabuas.pt ; Largo de São Domingos 20 ; 11h-20h)

Explorer

Aliados et Bolhão

Voyagez dans le temps jusqu'à l'âge d'or du chemin de fer grâce à la gare de São Bento (p. 60) et à ses sublimes azulejos, puis poursuivez la promenade sur l'Avenida dos Aliados (p. 60) aux architectures de style Beaux-Arts. Tout près, la Rua de Santa Catarina invite à la flânerie : commencez par la Capela das Almas (p. 60) et terminez par le somptueux (et très touristique) Café Majestic (p. 67). Plus à l'ouest, grimpez jusqu'à la Torre dos Clérigos (p. 60) baroque pour jouir de vues sublimes sur Porto, avant de faire un tour dans la Livraria Lello (p. 60), une librairie néogothique. Un délicieux éclair à la Leitaria da Quinta do Paço (p. 65) et vous voilà ragaillardi pour aller visiter les églises baroques jumelles, l'Igreja do Carmo (p. 88) et Igreja das Carmelitas (p. 88).

Réservez une table pour dîner au Flor dos Congregados (p. 63), où tout n'est que douceur, ou, pour les gourmets, à l'Euskalduna Studio (p. 65).

Comment s'y rendre et circuler

M **Métro** Trindade, Aliados et São Bento.

Tramway La ligne n°18 relie le Jardim da Cordoaria au quartier de Massarelos. Le tramway n°22 fait une boucle dans le centre, entre Carmo et Batalha/Funicular dos Guindais.

Bus Plusieurs lignes de bus convergent à l'extrémité sud de l'Avenida dos Aliados et à la Cordoaria.

Plan Aliados et Bolhão p. 58

Hôtel de ville, Avenida dos Aliados (p. 60) TRABANTOS / SHUTTERSTOCK ©

Promenade à pied

Aliados et Bolhão

Comptez au moins une demi-journée pour musarder de l'Avenida dos Aliados jusqu'aux saisissantes sculptures de l'artiste espagnol Juan Muñoz dans le Jardim da Cordoaria. En chemin vous apprécierez les charmes d'une des meilleures épiceries traditionnelles de la ville, d'exquises églises gothiques ou baroques, d'une tour panoramique et d'une librairie magique qui a inspiré l'univers d'Harry Potter.

Itinéraire

Départ Avenida dos Aliados ; M São Bento

Arrivée Jardim da Cordoaria

Distance et durée 3 km ; 3 heures 30

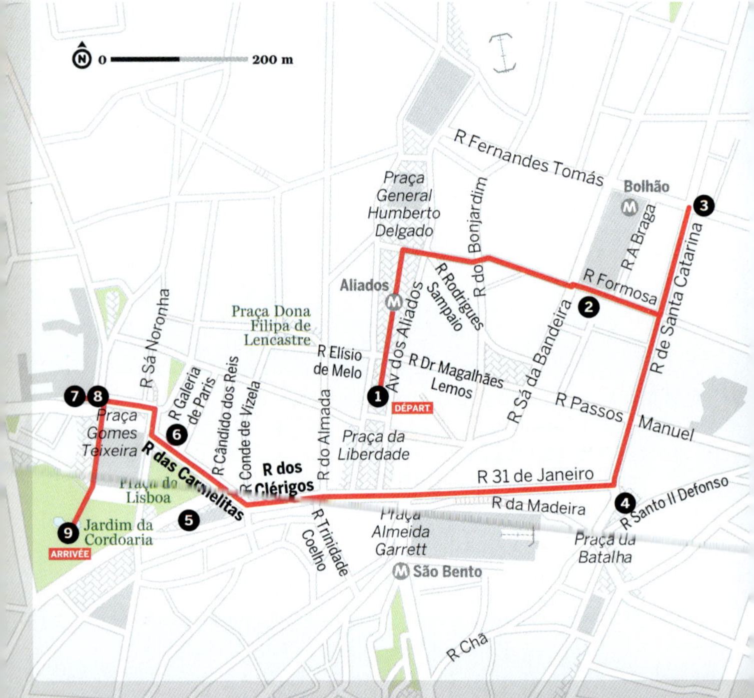

❶ Avenida dos Aliados

L'**Avenida dos Aliados** (p. 60), la plus majestueuse avenue de la ville, est bordée d'imposantes façades de marbre et de granit dans le style Beaux-Arts. Sa pièce maîtresse, la *câmara municipal* (hôtel de ville), se targue d'une tour de 70 m de haut.

❷ A Pérola do Bolhão

Tournez à droite dans la Rua Formosa pour découvrir l'une des façades Art Nouveau les plus richement ornées de Porto, celle de la boutique **A Pérola do Bolhão** (p. 71), une épicerie traditionnelle, fondée en 1917, qui regorge de produits portugais.

❸ Capela das Almas

Dans la Rua de Santa Catarina, artère piétonne prisée des amateurs de shopping, votre regard sera irrésistiblement attiré par la **Capela das Almas** (p. 60), chapelle du XVIIIe siècle à la façade couverte d'azulejos.

❹ Praça da Batalha

Un peu plus au sud, l'élégante Praça da Batalha est encore embellie par l'architecture baroque et les azulejos de l'**Igreja de Santo Ildefonso** (p. 61). En face, le **Teatro Nacional São João** (p. 71), réplique en miniature du palais Garnier, attire l'œil.

❺ Torre dos Clérigos

Poursuivez la balade Rua de 31 de Janeiro puis sur la Praça da Liberdade, que domine la statue équestre d'un fringant Pierre IV. Vous arriverez au pied de cette **tour** baroque (p. 60), œuvre de Nicolau Nasoni : il vous faudra gravir 225 marches en colimaçon, mais la vue le mérite amplement.

❻ Livraria Lello

De l'autre côté de la Praça de Lisboa, impossible de manquer l'exubérance néogothique de cette **librairie** (p. 60) de 1906. Sa décoration enchanteresse, sa verrière de vitrail et son escalier original auraient inspiré certains décors des *Harry Potter* à J. K. Rowling.

❼ Igreja do Carmo

De là, il ne faut que deux minutes pour atteindre l'**Igreja do Carmo** (p. 88), église rococo dont une façade est intégralement recouverte de merveilleux azulejos retraçant la fondation de l'ordre du Carmel.

❽ Igreja das Carmelitas

Voisine de l'Igreja do Carmo, l'**Igreja das Carmelitas** (p. 88), du XVIIe siècle, cache derrière sa modestie apparente une décoration intérieure d'une étonnante richesse. La construction de seulement 1 m de large qui sépare ces deux églises isolait jadis les moines du Carmo des religieuses carmélites.

❾ Jardim da Cordoaria

Terminez la balade au **Jardim da Cordoaria** (p. 89), que traverse le vieux tramway. Émaillé d'un lac et de sculptures, c'est un agréable parc où se détendre à l'ombre d'un arbre.

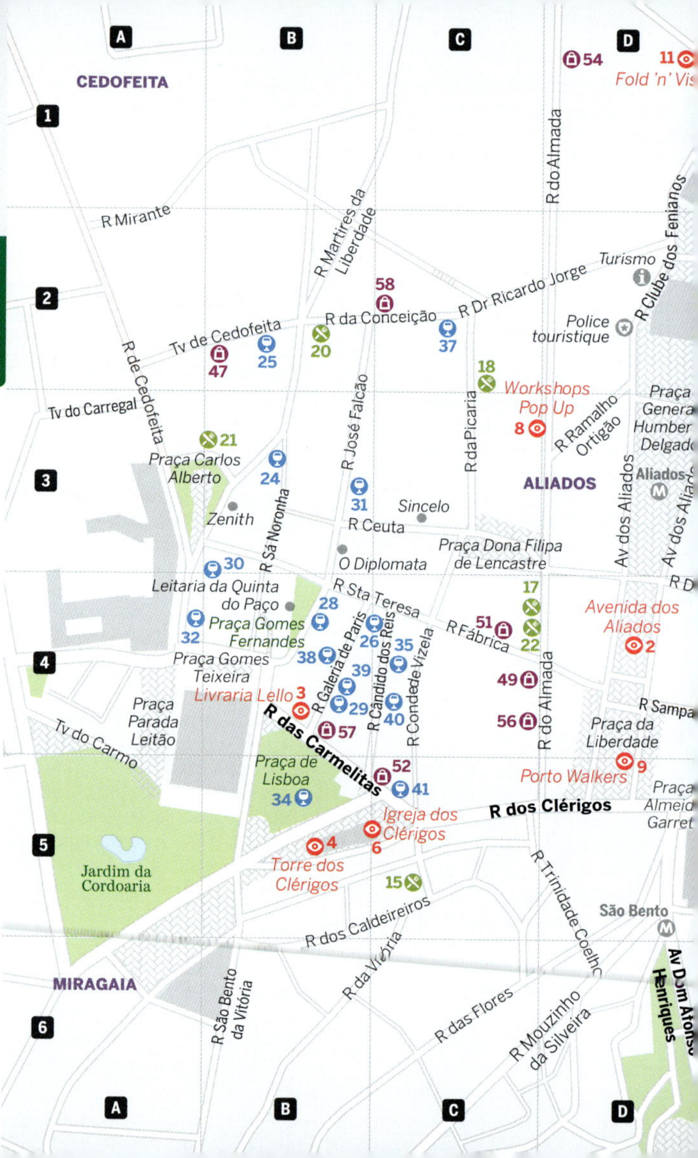
A
B
C
D
1
2
3
4
5
6
CEDOFEITA
ALIADOS
MIRAGAIA
54
11
Fold 'n' Vis
R do Almada
R Mirante
R Martires da Liberdade
Turismo
R Clube dos Fenianos
R Dr Ricardo Jorge
58
R da Conceição
Police touristique
Tv de Cedofeita
47
25
20
37
18
Workshops Pop Up
8
R Ramalho Ortigão
Praça General Humberto Delgado
Tv do Carregal
R de Cedofeita
R José Falcão
R da Picaria
21
Praça Carlos Alberto
24
31
Zenith
Sincelo
R Ceuta
Aliados
Av dos Aliados
R Sá Noronha
O Diplomata
Praça Dona Filipa de Lencastre
30
Leitaria da Quinta do Paço
R Sta Teresa
17
Avenida dos Aliados
2
32
Praça Gomes Fernandes
28
R Galeria de Paris
26
35
R Cândido dos Reis
R Conde de Vizela
51
R Fábrica
22
38
Praça Gomes Teixeira
39
49
Livraria Lello 3
29
40
R Sampaio
Praça Parada Leitão
57
56
Praça da Liberdade
Tv do Carmo
R das Carmelitas
Praça de Lisboa
52
9
34
41
Porto Walkers
Praça Almeida Garrett
R dos Clérigos
Igreja dos Clérigos
6
4
Torre dos Clérigos
15
Jardim da Cordoaria
R Trinidade Coelho
São Bento
R dos Caldeireiros
R da Vitória
Av Dom Afonso Henriques
R São Bento da Vitória
R das Flores
R Mouzinho da Silveira

Nos adresses
Voir p. 60
Se restaurer p. 62
Prendre un verre p. 66
Sortir p. 71
Shopping p. 71
0 200 m
E
F
G
H
1
2
3
4
5
6
10
48
R da Trindade
R do Bolhão
R Sá da Bandeira
R Fernandes Tomás
R do Bonjardim
BOLHÃO
Bolhão
Capela das Almas 5
Tv das Almas
R de Alves da Veiga
53
55
R A Braga
R Formosa
R de Santa Catarina
Rua da Alegria
Manteigaria
Rodrigues Sampaio
46
27
42
Praça Dom João I
agalhães Lemos
Armazém da Cerveja
Gelateria Portuense
R Passos Manuel
33
45
19
23
36
Traveller Caffé
43
12
runo
Praça dos Poveiros
50
R 31 de Janeiro
16
R da Madeira
7
R Santo Il Defonso
13
Praça da Batalha
Gare ferroviaire São Bento
R Entreparedes
Campanhã (1,5 km) et iPoint Campanhã (1,5 km)
R Duque de Loulé
R do Cimo de Vila
44
R Loureiro
R Alexandre Herculano

Voir

Gare de São Bento

BÂTIMENT HISTORIQUE

1 PLAN P. 58, E5

Rappelant l'âge d'or du chemin de fer, cette superbe gare ferroviaire de style Beaux-Arts achevée en 1903, révèle des toits à pans brisés. São Bento semble tout droit sortie du Paris du XIXe siècle, mais son plus bel atout est bien portugais : dans le hall, quelque 20 000 azulejos composent de magnifiques fresques, créées par Jorge Colaço en 1930, retraçant l'histoire des transports et de grands épisodes historiques (dont la bataille de Ceuta par Henri le Navigateur). (Praça Almeida Garrett ; 5h-1h)

Avenida dos Aliados

AVENUE

2 PLAN P. 58, D4

Bordée d'imposantes façades de style Beaux-Arts et terminée par la majestueuse **câmara municipal** (hôtel de ville). L'esplanade centrale, restaurée il y a quelques années, accueille souvent des fêtes, des concerts et des expositions.

Livraria Lello

BÂTIMENT HISTORIQUE

3 PLAN P. 58, B4

Faites un tour dans cette extravagante librairie qui date de 1906, pour admirer ses stucs imitant le bois, sa verrière en vitrail, ses riches décors néogothiques et le magnifique escalier ouvragé. (www.livrarialello.pt ; Rua das Carmelitas 144 ; 5 € ; 10h-19h30 lun-ven, 10h-19h sam, 11h-19h dim ;)

Torre dos Clérigos

TOUR

4 PLAN P. 58, B5

Haute de 76 m, cette belle tour baroque, dessinée par le maître italien Nicolau Nasoni, domine le ciel de Porto depuis le XVIIIe siècle. Gravissez les 225 marches de son escalier en colimaçon pour contempler un fabuleux panorama sur la ville : ses toits en tuile, ses clochers, la courbe du Douro et les chais de porto. La tour accueille aussi une exposition sur l'histoire de ses architectes et de ses résidents. (www.torredosclerigos.pt ; Rua de São Filipe de Nery ; 5 € ; 9h-19h)

Capela das Almas

ÉGLISE

5 PLAN P. 58, G2

La Capela das Almas attire d'emblée l'œil du passant empruntant la Rua de Santa Catarina. Ses riches décors d'azulejos représentent des scènes de la vie de plusieurs saints, dont la mort de saint François et le martyre de sainte Catherine. Fait étonnant, ces azulejos ne datent que du début du XXe siècle, mais Eduardo Leite les a peints dans un style classique du XVIIIe. (Rua de Santa Catarina 428 ; 7h30-19h lun-ven, 7h30-13h et 18h-19h sam)

Igreja dos Clérigos

ÉGLISE

6 PLAN P. 58, C5

Nicolau Nasoni conçut pour l'Igreja dos Clérigos une façade théâtrale et une rare nef ovale aux murs de marbre rose, ornée d'une profusion de chérubins et d'un autel tout en dorures. (Rua dos Clérigos ; entrée libre ; 9h-19h)

Praça da Batalha

PLACE

7 PLAN P. 58, F5

La Rua de Santa Catarina s'ouvre au sud sur la jolie Praça da Batalha, encadrée par l'**Igreja de Santo Ildefonso** (15h-18h30 lun, 9h-12h et 15h-18h30 mar-dim), gracieuse église baroque de Nasoni aux clochers jumeaux, et par l'opulent Teatro Nacional São João (p. 71) conçu dans le style du palais Garnier.

Workshops Pop Up

CUISINE

8 PLAN P. 58, C3

Ce *concept store* vend des objets pour la maison et accueille régulièrement des ateliers de cuisine d'une durée de 3 heures, suivis par un repas avec vins en harmonie. On peut donc suivre le cours de "cuisine et saveurs portugaises" où l'on apprend à préparer les classiques portugais comme la *bacalhau à lagareiro* (morue cuite dans l'huile d'olive extra vierge) et les *pastéis de nata* (flans portugais). (966 974 119 ; www.workshops-popup.com ; Rua do Almada 275 ; cour de 3 h avec repas 35 €)

Porto Walkers

PROMENADE À PIED

9 PLAN P. 58, D5

Pimentées d'anecdotes et personnalisées, ces promenades guidées (en anglais) par des jeunes font une excellente introduction à la découverte de Porto. Elles commencent à 10h45 tous les jours

Gare São Bento

Porto et ses azulejos

Anciens ou récents, utilitaires ou décoratifs, sobres ou exubérants, ces carreaux peints à la main dansent sur les façades des bâtiments, les murs des bars, les tunnels des stations de métro et les intérieurs opulents des églises.

L'Igreja do Carmo (p. 88) possède l'une des plus riches et des plus belles séries : le chef-d'œuvre réalisé par Silvestre Silvestri en 1912, qui illustre la fondation de l'ordre du Carmel.

Dans la Rua de Santa Catarina, piétonne, c'est un festival d'azulejos qu'offrent les façades de la Capela das Almas (p. 60), où les panneaux d'Eduardo Leite retracent la vie de plusieurs saints.

Quant à São Bento (p. 60), c'est une véritable ode à l'art délicat de l'azulejo : illustrant de grands épisodes de l'histoire portugaise, dont la victoire d'Arcos de Valdevez (1140), l'arrivée du roi Jean Ier et de Philippa de Lancastre à Porto (1387) et la bataille de Ceuta (1415), les séries du maître Jorge Colaço, en 1930, sont si vivantes qu'il vous semblera peut-être entendre le clairon et l'arrivée de la cavalerie.

et durent 3 heures. La promenade est gratuite (n'oubliez pas de donner un pourboire au guide). Il suffit d'aller au point de rendez-vous sur la Praça da Liberdade et de repérer les guides en T-shirt rouge. (918 291 519 ; www.portowalkers.pt ; Praça da Liberdade, Avenida dos Aliados)

Tuk Tour — CIRCUITS

10 PLAN P. 58, F1

Les tuk-tuks électriques sont un moyen écolo et amusant pour sillonner la ville. Parmi les circuits proposés : la balade de Gaia à Foz (2 heures, 25 €) ou celle de nuit dans la ville illuminée (1 heure 30, 25 €). Départ de la Rua das Carmelitas ou de l'Avenida Ramos Pinto. (915 094 443 ; www.tuktourporto.com ; Rua do Bonjardim 905)

Fold 'n' Visit — VÉLO

11 PLAN P. 58, D1

Près de la station de métro Trindade, Fold 'n' Visit propose de formidables circuits dans la ville ou la simple location de vélo. Un circuit de 3 heures dans le centre de Porto coûte 17 à 25 €/personne selon le nombre de participants. (220 997 106 ; www.topbiketoursportugal.com ; Rua Alferes Malheiro 139 ; location de vélo à partir de 13/17 € la demi-journée/journée)

Se restaurer

Café Santiago — PORTUGAIS €

12 PLAN P. 58, H4

L'un des meilleurs endroits pour goûter au grand classique de Porto, la roborative *francesinha* –un épais sandwich de charcuteries et de viandes, recouvert de fromage et nappé d'une riche sauce à la bière. (☎222 055 797 ; caferestaurantesantiago.com.pt ; Rua Passos Manuel 226 ; plats 8-12 € ; 🕘12h-23h lun-sam)

Casa Guedes PORTUGAIS €

13 PLAN P. 58, H5

Un sandwich au porc rôti, voilà qui parait simple sur le papier, mais ici c'est vraiment quelque chose : savoureux, copieux, pas cher (2,90 €) et servi toute la journée. L'espace est réduit dans cette *tasca* (taverne) sans prétention, il y a donc souvent de l'attente pour avoir une table intérieur ou sur la terrasse. (Praça dos Poveiros 130 ; plats 6-9 € ; 🕘8h30-22h lun-sam)

Flor dos Congregados PORTUGAIS €€

14 PLAN P. 58, E4

Niché au fond d'une ruelle, ce restaurant tenu en famille offre un cadre agréable et doucement tamisé, avec œuvres d'art, ainsi que pierres et poutres apparentes. La carte change au gré des saisons. (☎222 002 822 ; www.flordoscongregados.pt ; Travessa dos Congregados 11 ; plats 8-16 € ; 🕘19h-22h lun-mer, 12h-15h et 19h-23h jeu-sam)

All In Porto PORTUGAIS €€

15 PLAN P. 58, C5

Tonneaux en guise de table, lanternes et fresques représentant Porto confèrent au lieu un caractère décontracté branché pour venir goûter une super sélection de vins portugais et d'appétissants *petiscos*, tels le *chouriço* (chorizo) grillé à la flamme, les œufs de sardine épicés, les fromages et les *conservas* (poissons en conserve). (☎220 993 829 ; www.facebook.com/allinporto ; Rua Arquitecto Nicolau Nasoni 17 ; petiscos 8-22 €, planches dégustation 12-16 € ; 🕘10h-minuit lun-ven, 12h-minuit sam-dim)

Tapabento PETISCOS €

16 PLAN P. 58, E5

Une ambiance sympathique règne dans cet établissement sur deux niveaux niché derrière la gare de São Bento. Murs en pierre apparente, imprimés colorés et tables au coude-à-coude plantent le décor où sont servis d'excellents *petiscos* et vins du Douro. Ici on partage, c'est l'usage : les huîtres fraîches avec une vinaigrette à l'échalote, les couteaux à l'ail et à la coriandre ou le fromage des Açores accompagné de roquette et de noix. (☎912 881 272, 222 034 115 ; www.tapabento.com ; Rua da Madeira 222 ; tapas et assiettes à partager 3-20 €, plats 14-22 € ; 🕘19h-23h mar, 12h-23h mer-jeu, jusqu'à minuit ven-sam, 12h-17h et 19h-22h30 dim)

Ö Tascö PORTUGAIS €€

17 PLAN P. 58, C4

La salle épurée, entourée de banquettes, est rehaussée ici par une bibliothèque en forme d'arbre et un immense tableau noir où l'on peut échanger des messages.

L'équipe ultrachaleureuse assure un approvisionnement constant en bonne humeur, et en *petiscos* – de succulentes petites portions de *rojões* (poitrine de porc à l'ail, au vin et au cumin), de *morcela* (boudin), de poulpe et autres délices, à arroser de bière artisanale, de vin ou de porto. (919 803 323, 222 010 763 ; www.facebook.com/pg/soldoutarena ; Rua do Almada 151A ; petiscos 4.50-12.50 € ; 12h-1h)

Cruel

FUSION **€€**

18 PLAN P. 58, C2

Quel est votre degré de cruauté ? Vous demandera-t-on dans ce restaurant tendance où la carte est graduée selon la férocité de votre appétit : "craintif", "prudent" ou "cruel". Le cadre joue le côté urbain épuré, la carte propose des variations sur les classiques – du genre "risotto aux champignons hallucinants" ou "carpaccio électrique" – avec souvent des portions suffisamment copieuses pour partager. (924 400 259 ; www.cruel.pt ; Rua da Picaria 86 ; plats 13-25 €, petiscos 4-6 € ; 19h30-23h30 lun-mar et jeu, 12h30-14h30 et 19h30-1h ven, 13h-15h et 19h30-1h sam, 13h-15h et 19h30-23h dim)

Tripeiro

PORTUGAIS **€€**

19 PLAN P. 58, G4

Les restaurants servant une bonne cuisine traditionnelle portugaise se font plus rares. Dans cette taverne néorustique vous pourrez savourer des plats comme les *tripas à moda do Porto* (tripes avec haricots blancs) et le *bacalhau com broa* (morue gratinée au pain de maïs). (222 038 075, 925 908 852 ; www.restaurantetripeiro.com ; Rua de Passos Manuel 195 ; plats 10,50-16 €, déj 1/2/3 plats 7,50/8,50/10,50 € ; 12h30-15h et 19h-23h lun-sam, 12h30-15h dim)

Flow

MÉDITERRANÉEN **€€**

20 PLAN P. 58, B2

D'énormes suspensions en osier font jouer la lumière sur les murs de brique de la salle à manger très haute sous plafond de ce bâtiment néo-mauresque réstauré avec élégance. Par beau temps, il fait bon siroter un cocktail dans la cour intérieure avant de déguster des plats d'inspiration méditerranéenne comme le ceviche de thon aux agrumes, le confit de poulpe à la polenta noire ou l'*osso bucco* avec un risotto au safran. Formule midi intéressante en semaine. (222 054 016 ; www.flowrestaurant.pt ; Rua da Conceição 63 ; plats 17-29 € ; 19h45-minuit lun, 12h45-15h et 19h45-minuit mar-sam)

Camafeu

PORTUGAIS MODERNE **€€**

21 PLAN P. 58, B3

Situé au 1er étage d'un immeuble, on a l'impression de dîner chez un ami. Dans un salon raffiné, avec portes-fenêtres, parquet, mobilier ancien, il y a juste la place pour un petit nombre de convives. Les plats sont joliment présentés, telle la joue de porc mitonnée à basse température accompagnée d'*alheira* (saucisse de volaille ou de gibier

Le top des douceurs

Manteigaria (Plan p. 58, F3 ; Rua de Alexandre Braga 24 ; pastel de nata 1 € ; 8h-22h lun-ven, 8h-19h sam). Question rapport qualité/prix, il n'y a pas mieux que les *pastéis de nata* (flans) de cette boulangerie, servis tout chauds.

Sincelo (Plan p. 58, C3 ; www.gelatariasincelo.com ; Rua de Ceuta 54 ; glace 2,50-5 € ; 13h-22h30 mar-jeu et dim, jusqu'à 0h30 ven-sam). L'un des meilleurs glaciers de la ville.

Leitaria da Quinta do Paço (Plan p. 58, B4 ; www.leitariadaquintadopaco.com ; Praça Guilherme Gomes Fernandes 47 ; éclairs 1,40 € ; 9h-20h lun-jeu, 9h-21h ven-sam). Ce café-pâtisserie fait depuis 1920 des éclairs merveilleusement aériens dans une multitude de parfums, depuis les classiques comme le citron jusqu'aux plus inédits au fromage bleu, à la pomme et au fenouil.

Gelataria Portuense (Plan p. 58, E4 ; www.gelatariaportuense.pt ; Rua do Bonjardim 136 ; 1 boule 2,20 €, 6 dégustation de glaces 9 € ; 12h30-19h dim-jeu, 12h30-22h ven-sam). Ana est la reine des glaces, du chocolat noir au porto, en passant par l'Earl Grey ou le citron vert.

ıillée), crumble de champignons ›t de noisettes et asperges vertes. (937 493 557 ; www.facebook.com/ :amafeu83 ; Praça Carlos Alberto 83 ; plats 5-19 € ; 18h30-23h mar-sam ;)

MUU

STEAK €€€

:2 PLAN P. 58, C4

MUU s'est fait un nom grâce à sa viande de bœuf exceptionnelle. Après des œufs à l'écossaise ou un gratin de fromage maison vient le grand moment autour d'une côte de bœuf frottée à l'ail ou d'un steak Black Angus, merveilleusement tendre. En tout cas, vous sortirez rassasié. (914 784 032 ; www.muusteakhouse.com ; Rua do Almada 149A ; plats 22-32 € ; 19h-minuit mer-lun)

Euskalduna Studio

GASTRONOMIQUE €€€

23 PLAN P. 58, H4

Tout est parfait : le choix des ingrédients de saison, la créativité subtile et l'exécution. Seuls 16 convives à la fois (huit au comptoir en marbre vert avec vue sur la cuisine et huit sur les tables en bois) ont la chance de pouvoir goûter les étonnants menus-dégustation de Vasco Coelho Santos dont les dix plats offre un festival de saveurs et de textures. (935 335 301 ; www.euskaldunastudio.pt ; Rua de Santo Ildefonso 404 ; menu dégustation 10 plats 80 € ; 19h-22h mer-sam)

De savoureuses visites

Pour une plongée délicieuse dans la scène gastronomique de Porto, inscrivez-vous à l'un des circuits que propose **Taste Porto** (☎920 503 302 ; www.tasteporto.com ; "downtown food tour" tarif plein/enfant 65/42 €, "vintage food tour" 70/42 €, "photo food experience" 49 € ; ⏰downtown food tour 10h45 et 16h mar-sam, vintage food tour 10h et 16h15 lun-sam, photo food experience 9h45 tlj). Sympathique et compétent, André et les autres membres de son équipe vous guident lors d'une promenade en ville.

Prendre un verre

Aduela

BAR

24 PLAN P. 58, B3

Les lustres en verre orangé baignent d'une douce lumière les murs verts et le mobilier vintage de ce bar rétro. Dans cette ancienne usine de machines à coudre, on se retrouve autour d'un verre de vin et de *petiscos* (3-8 €). (Rua das Oliveiras 36 ; ⏰15h-2h lun, 10h-2h mar-jeu, 10h-4h ven-sam, 15h-minuit dim)

Museu d'Avó

BAR

25 PLAN P. 58, B2

Vaste "grenier" plein de charme, d'horloges anciennes, d'azulejos, de gramophones et d'autres bibelots vintage, ce "musée de grand-mère" porte bien son nom. À la lumière des lanternes et des bougies, les conversations vont bon train entre les jeunes *Tripeiros* (habitants de Porto) qui aiment à se retrouver ici. De bons *petiscos* (2-8 €) combleront les fringales nocturnes. (Travessa de Cedofeita 54 ; ⏰20h-4h lun-sam)

Era uma Vez em Paris

BAR

26 PLAN P. 58, C4

Era uma Vez em Paris plante en plein Porto un décor rappelant le Paris bohème des années 1920. Un cocon aussi chaleureux pour prendre un café le jour que des verres en soirée. DJ de funk et de rock indé aux platines. (Rua Galeria de Paris 106 ; ⏰19h-2h lun-mer, 19h 4h jeu-sam, 21h-2h dim)

Letraria

BIÈRE ARTISANALE

27 PLAN P. 58, H3

Parmi les bars à bière artisanale qui fleurissent dans Porto, celui-ci se distingue par son jardin où il fait délicieusement frais. Environ la moitié des quelque 20 bières à la pression sont des créations de la marque portugaise Letra, les autres provenant essentiellement d'autres producteurs portugais. (☎939 348 069 ; www.facebook.com/letrariacraftbeergardenporto ; Rua da Alegria 101 ; ⏰17h-minuit lun, mer-jeu, 17h-2h ven-sam, 16h-23h dim)

Bonaparte Downtown

PUB

28 PLAN P. 58, B4

Ce bar à l'atmosphère chaleureuse où le bois domine est décoré de oric et de broc. L'ambiance calme du début de soirée, idéale pour siroter une bière avant d'aller dîner, devient beaucoup plus animée au fil de la soirée. (www.facebook.com/bonapartedowntown ; Praça Guilherme Gomes Fernandes 40 ; 17h-2h dim-jeu, 17h-3h ven-sam)

La Bohème — BAR À VINS

29 PLAN P. 58, B4

Lambrissé de pin et avec une belle hauteur sous plafond, La Bohême propose de bons vins assortis de *petiscos*. Des DJ officient plus tard dans la soirée. (www.laboheme.com.pt ; Rua Galeria de Paris 40 ; 18h-2h mar-jeu, 18h-4h ven-sam, 19h-2h dim)

Moustache — CAFÉ

30 PLAN P. 58, B3

Ce café urbain décontracté est idéal pour se lover dans des fauteuils confortables et déguster un café accompagné de douceurs. Les produits sont pour la plupart bio et équitables, et des recettes sans lactose sont proposées. (www.moustache.pt ; Praça Carlos Alberto 104 ; 10h-20h dim-jeu, 10h-2h ven-sam ;)

Baixa Bar — BAR À COCKTAILS

Murs incurvés et miroirs contribuent au charme rétro-chic, un peu décadent, de ce bar qui ne manque pas d'audace pour ses cocktails maison tels que son porto blanc au fruit de la passion, une spécialité qui réveille les papilles. Quand la nuit avance, l'ambiance monte d'un cran avec DJ et *dancefloor*. À côté du Plano B (voir 40 Plan p. 58, C4). (www.facebook.com/pg/baixabar ; Rua Cândido dos Reis 52 ; 18h-2h dim-jeu, 18h-4h ven-sam)

Gulden Draak – BierHuis Porto — PUB

31 PLAN P. 58, B3

Un long bar en bois vernis, des murs de bouteilles rétroéclairées et des alcôves intimes pour bavarder autour d'un verre : voilà planté le décor de ce nouveau bar à bières. Installez-vous sur un tabouret pour siroter les bières spéciales Van Steenberge, telles que la Gulden Draak Brewmaster, vieillie dans des barriques de whisky *single malt*. (Rua de José Falcão 82 ; 16h-minuit lun-mer, 16h-2h ven-sam)

Cervejaria do Carmo — BIÈRE ARTISANALE

32 PLAN P. 58, A4

En face de la superbe Igreja do Carmo, ce petit bar agréable propose quelque 100 types de bières portugaises et étrangères. Choisissez parmi l'une des huit bières à la pression ou laissez le personnel vous suggérer une en bouteilles. (www.facebook.com/cervejariadocarmo ; Praça de Carlos Alberto 124 ; 14h-minuit lun-jeu, 14h-1h ven, 14h-2h sam ;)

Café Majestic — CAFÉ

33 PLAN P. 58, G4

Le Café Majestic a beau être cher et bourré de touristes, il vaut néanmoins le déplacement. La

Le top des brunchs

O Diplomata (Plan p. 58, B3 ; 222 050 482 ; www.facebook.com/odiplomatabar ; Rua de José Falcão 32 ; pancakes 5-10 € ; 10h-20h lun-mar et jeu-sam, 10h-16h dim). De délicieux pancakes, avec garniture sucrée ou salée au choix, ainsi que de savoureux sandwichs toastés, salades, bols d'açai et jus de fruits frais. Allez-y pour le brunch, servi jusqu'à 16h. Et si vous hésitez, optez pour le pancake de la semaine affiché sur l'ardoise.

Zenith (Plan p. 58, B3 ; 220 171 557 ; www.facebook.com/zenithporto ; Praça de Carlos Alberto 86 ; brunch à partir de 6 € ; 10h-20h mer-lun ;). Décor branché avec murs en brique apparente, jolie terrasse... un endroit cool mais souvent bondé, attendez-vous donc à faire la queue pour déguster de super brunchs (œufs Benedict, œufs pochés panés à la purée d'avocat...) et des cafés faits par un barista.

Traveller Caffé (Plan p. 58, G4 ; Rua Passos Manuel 165 ; petit-déj 5-9 €, en-cas 5-7 € ; 8h15-19h lun-jeu, 8h15-21h ven-sam, 8h15-20h dim). Un repaire de voyageurs, décontracté et bien pour le prix, avec un bon choix du petit-déjeuner à la grecque ou à la française, au bol de muesli aux açais.

nourriture n'est pas top, mais prenez un café pour venir admirer son intérieur de style Beaux-Arts, tapissé de chérubins et de boiseries dorées, où officient des serveurs en grande tenue. Quand il fait beau, la terrasse est idéale pour observer les passants. (www.cafemajestic.com ; Rua de Santa Catarina 112 ; 9h30-23h30 lun-sam)

Base

BAR EN EXTÉRIEUR

34 PLAN P. 58, B5

Lorsque le soleil est au rendez-vous ou que les nuits sont douces, filez au Base : perché au-dessus du Passeio dos Clérigos, ce bar en plein air est très agréable. De nombreux bancs en bois, chaises longues et tapis de pique-nique laissent l'embarras du choix pour s'asseoir sur les pelouses d'où l'on a vue sur l'emblématique Torre dos Clérigos. (910 076 920 ; www.baseporto.com ; Passeio dos Clérigos, Rua das Carmelitas ; 12h-21h)

The Wall

BAR

35 PLAN P. 58, C4

Avec son mur de bouteilles élégamment éclairées, ses hauts plafonds et son immense mappemonde typographique, The Wall est un temple du chic urbain : mêlez-vous à la faune pour siroter des cocktails aussi savamment mixés que la bande-son des DJ. (www.facebook.com/thewallbar.baixa ;

Rua de Cândido dos Reis 90 ; 17h-4h lun-sam, 21h-4h dim)

Duas de Letra

CAFÉ

36 PLAN P. 58, H4

Un café *arty* donnant sur un square, qui se distingue par son ambiance paisible, ses lambris, ses deux patios et, à l'étage, un espace accueillant des expositions. En-cas délicieux, et bon choix de thés. Formule du jour, avec soupe et boisson, pour seulement 7 €. (www.duasdeletra.pt ; Passeio de São Lázaro 48 ; 10h-22h lun-jeu, 10h-minuit ven-sam, 14h-20h dim ;)

Café Candelabro

CAFÉ

37 PLAN P. 58, C2

Un café très cool, avec carrelage noir et blanc en damier au sol, bibliothèque garnie de vieux livres et magazines, et grandes fenêtres donnant sur la rue. La clientèle est bobo et l'ambiance rétro. Il y a foule le week-end avec musique et parfois spectacle. (Rua da Conceição 3 ; 10h30-2h lun-ven, 16h-2h sam, 16h-minuit dim)

Casa do Livro

LOUNGE

38 PLAN P. 58, B4

Papier peint d'époque, miroirs à dorures et rayonnages de livres confèrent un charme feutré à ce bar à l'éclairage agréable. Le week-end, des DJ mixent funk, soul, jazz et morceaux rétro dans la salle à l'arrière. (www.facebook.com/casadolivroporto ; Rua Galeria de Paris 85 ; 21h30-3h dim-jeu, 21h30-4h ven-sam)

Café Majestic (p. 67)

Harry Potter à Porto

Si au crépuscule, dans la lumière des réverbères bordant les ruelles tortueuses du vieux Porto, alors que disparaît au coin d'une rue la cape noire d'un étudiant, il vous semble avoir débarqué en plein chemin de Traverse, ne vous étonnez pas : la cité portugaise a bien inspiré l'univers d'Harry Potter.

J.K. Rowling a vécu à Porto de 1991 à 1993. Occupée la journée à écrire le premier manuscrit de *Harry Potter à l'école des sorciers*, elle donnait des cours d'anglais le soir. Et la légende veut que l'écrivaine soit tombée sous le charme des lieux – en particulier du Café Majestic (p. 67), dont elle avait fait son QG.

Faites un tour dans la Livraria Lello (p. 60), une librairie à l'extravagant décor néogothique dont le magnifique escalier à double révolution semble mener vers quelque lieu secret. Vu l'affluence de touristes dans la journée, mieux vaut s'y rendre en début de soirée pour ressentir la magie des lieux.

Galeria de Paris

BAR

Pionnière dans cette rue devenue l'épicentre de la fête à Porto (voir 39 Plan p. 58, B4), la Galeria se distingue aussi par son bric-à-brac : des vitrines qui débordent de jouets, Thermos, téléphones anciens et autres objets vintage. Outre les cocktails et la bière pression, on y sert des tapas le soir. (www.facebook.com/restaurantegaleriadeparis ; Rua Galeria de Paris 56 ; 8h30-3h dim-jeu, 8h30-4h ven-sam)

Café au Lait

BAR

39 PLAN P. 58, B4

Dans un ancien entrepôt textile, ce bar intimiste et tout en longueur, fédère une joyeuse clientèle *arty* autour d'une sélection de cocktails. La bonne ambiance monte d'un cran grâce aux DJ sets ou aux concerts organisés. (www.facebook.com/aulait.cafe ; Rua Galeria de Paris 46 ; 22h-4h mar-sam)

Plano B

BAR

40 PLAN P. 58, C4

Pilier de Porto, le Plano B est le repaire des groupes et des DJ. La clientèle est aussi éclectique que la programmation qui alterne régulièrement performances artistiques, concerts ou théâtre. (www.facebook.com/pg/planobclub ; Rua Cândido dos Reis 30 ; 22h-6h mer-sam ;)

Livraria da Baixa

CAFÉ

41 PLAN P. 58, C5

À mi-chemin entre le bar d'aujourd'hui et la librairie des années 1920, ce petit bijou est bordé d'une terrasse sur les pavés, déale pour observer la vie à Porto devant un thé ou un verre de vin. (www.facebook.com/livrariadabaixa ; Rua das Carmelitas 15 ; 10h-2h ;)

Sortir

Teatro Municipal Rivoli THÉÂTRE

42 PLAN P. 58, E4

Ce théâtre Art déco est l'un des piliers de la scène culturelle changeante de Porto. Il couvre tout un éventail d'activités : théâtre, musique, cirque contemporain, cinéma, danse et théâtre de marionnettes. (223 392 200 ; www.teatromunicipaldoporto.pt ; Praça Dom João I ;)

Maus Hábitos ARTS VIVANTS

43 PLAN P. 58, G4

Cet espace *arty* ne vous fera pas prendre de "mauvaises habitudes", bien au contraire, avec sa programmation ambitieuse où cohabitent, aux murs, des expos temporaires et des installations inventives, et sur la scène, des groupes et des DJ. (www.maushabitos.com ; 4e ét., Rua Passos Manuel 178 ; 12h-minuit mar, 12h-2h mer-jeu, 12h-4h ven-sam, 12h-17h dim)

Teatro Nacional São João THÉÂTRE

44 PLAN P. 58, F6

Superbe édifice qui rappelle le palais Garnier de Paris, ce théâtre est l'un des hauts lieux du spectacle vivant à Porto. Il accueille des spectacles internationaux : danse, théâtre et groupes de musiciens. (223 401 900 ; www.tnsj.pt ; Praça da Batalha)

Coliseu do Porto SALLE DE CONCERTS

45 PLAN P. 58, G4

Ce théâtre Art déco, un peu défraîchi mais toujours majestueux, accueille de grands noms en concert, ainsi que du théâtre et de la danse à grand spectacle. La programmation est très largement affichée en ville. (223 394 940 ; www.coliseudoporto.pt ; Rua Passos Manuel 137)

Shopping

Workshops Pop Up ARTS ET ARTISANATS

Ce *concept store* installé dans une ancienne forge restaurée (voir 8 Plan p. 58, C3) est né de l'imagination de Nuno et de Rita. Il accueille toutes sortes de marques portugaises vendant aussi bien des céramiques originales que de la mode vintage, des accessoires ou des savons aux jolis emballages. Il organise aussi des ateliers de cuisine (p. 61). (966 974 119 ; www.workshops-popup.com ; Rua do Almada 275 ; 13h-19h30 dim-ven, 10h-19h30 sam)

A Pérola Do Bolhão ALIMENTATION ET BOISSONS

46 PLAN P. 58, F3

Fondée en 1917, cette délicieuse épicerie traditionnelle possède la plus belle façade Art nouveau de Porto et regorge de saucisses, de fromages, d'olives, de fruits secs, de

Bière artisanale

Surfant sur la mode de la bière artisanale qui déferle actuellement sur Porto, l'**Armazém da Cerveja** (Plan p. 58, H4 ; www.armazem.beer ; Rua Formosa 130 ; 16h-minuit mar-jeu et dim, 16h-1h ven-sam) en propose 70 différentes (du monde entier). Une blonde maison ne vous coûtera que 1,50 €. Il y a un jardin où l'on peut même apporter son pique-nique.

vins et de porto. Sur ses superbes *azulejos* sont représentées des fleurs et deux divinités féminines portant l'une des plants de caféier (*café*) et l'autre de théier (*chá*). (Rua Formosa 279 ; 9h30-19h30 lun-ven, 9h-13h sam)

Coração Alecrim ARTS ET ARTISANATS

47 PLAN P. 58, B2

Cette superbe boutique popose de l'artisanat local de grande qualité : des bonnets et couvertures en pure laine ou vêtements en lin ou en coton aux azulejos en pièces uniques, dessous de verre en coquillage ou superbes céramiques. (www.coracaoalecrim.com ; Travessa de Cedofeita 28 ; 11h-19h lun-sam)

Azulima ARTS ET ARTISANATS

48 PLAN P. 58, F1

Les passionnés d'azulejos adoreront cette boutique qui déploie une jolie collection de carreaux de toutes les formes, tailles et couleurs imaginables – motifs géométriques ou figuratifs, modernes et épurés ou classiques en bleu et blanc. (www.azulima.pt ; Rua do Bolhão 124 ; 9h30-12h30 et 14h30-19h lun-ven, 10h-12h30 sam)

águas furtadas ARTS, MODE

49 PLAN P. 58, C4

Cette boutique déborde de créations portugaises originales touchant à la mode, au design, à l'artisanat et aux accessoires, dont les coqs de Barcelos réinterprétés dans des couleurs éclatantes ou cartes et objets créés par les graphistes en vogue de Porto. (www.facebook.com/aguasfurtadas ; Rua do Almada 13 ; 10h-19h30 lun-sam, 13h-19h dim)

Livraria Latina LIVRES

50 PLAN P. 58, F5

Cette belle et vénérable librairie ouverte en 1942 est l'une des plus anciennes de la ville. Très riche en littérature portugaise, elle propose aussi des titres en langues étrangères. (Rua de Santa Catarina 2 ; 9h-19h30 lun-ven, 9h-19h sam)

Touriga VIN

51 PLAN P. 58, C4

Tenue avec passion par David Ferreira, cette formidable cave à vin recèle de merveilleux nectars, souvent en provenance de petits producteurs. Arrêtez-vous ici pour une dégustation de vin ou de porto

(5 à 20 €). La maison se charge des expéditions. (☎ 225 108 435 ; Rua da Fábrica 32 ; 🕒10h-20h lun-sam)

Vista Alegre

CÉRAMIQUES

52 PLAN P. 58, C5

Cette illustre manufacture fondée en 1824 fabrique la plus raffinée des porcelaines portugaises, dans des styles variés, du minimalisme épuré aux motifs naturalistes. (Rua das Carmelitas 40 ; 🕒10h-20h lun-sam)

Casa Ramos

ALIMENTATION

53 PLAN P. 58, F3

C'est une espèce en voie de disparition : une belle épicerie traditionnelle qui vend haricots, *bacalhau* et *alheiras* (saucisses) au kilo, mais aussi toutes sortes de produits de bouche, de la confiserie à la charcuterie en passant par les thés. (Rua Sá da Bandeira 347 ; 🕒9h-19h lun-ven, 9h-13h sam)

Louie Louie

DISQUAIRE

54 PLAN P. 58, D1

Entrez dans le groove du Porto rétro, dans cette boutique bien approvisionnée en vinyles et CD d'occasion. Sympathique et pas chère, elle couvre tout le spectre musical. (www.louielouie.biz ; Rua do Almada 536 ; 🕒10h30-19h lun-sam)

Casa Chinesa

MAGASIN D'ALIMENTATION

55 PLAN P. 58, F3

Ce magasin d'alimentation merveilleusement vieillot regorge

A Pérola do Bolhão (p. 71)

Porto côté street art

Les murs de Porto nous parlent. Ou plutôt, à travers eux, c'est la tribu en plein essor des artistes de rue qui s'exprime en œuvres audacieuses. Façades décaties, vitrines de magasins désaffectés et stucs à l'abandon reprennent vie avec une grâce artistique éminemment urbaine. Ces merveilles insufflent une poésie qui transcende les conventions et stoppe net le passant.

Les graffs ondoyants d'Hazul Luzah, qui mêlent calligraphie et géométrie, ornent les façades de fleurs, d'oiseaux exotiques et de motifs religieux. Parmi ses frères d'asphalte, citons Costah, connu pour ses fresques ludiques et colorées, Frederico Draw, un maître du portrait en noir et blanc et le très inventif Mr Dheo. Certains de ces artistes sont des autodidactes, d'autres ont fait des études spécialisées, dans l'architecture, les arts numériques, l'illustration ou le design.

Quelques indications pour organiser votre propre balade dans le Porto du *street art*. Impossible de faire l'impasse, dans le centre, sur la **Travessa de Cedofeita** et les **Escadas do Codeçal**, pas plus que sur le parking de **Trindade** et ses gigantesques fresques. À tout juste une station de métro au nord, Lapa est un autre point chaud de la planète graff, tout comme la **Rua Miguel Bombarda**. Dans la **Rua das Flores**, l'art de rue cohabite avec intelligence avec des édifices historiques restaurés : admirez les motifs éblouissants d'Hazul, les portraits lumineux de Costah et les 15 boîtiers électriques revisités en véritables explosions de créativité. À Miragaia, remarquez la façade de Look at Porto (p. 117) où l'artiste Vhils (Alexandre Farto) a réalisé un visage qui regarde vers le fleuve.

À 10 km au nord de Porto, la Rua Lionesa accueille une œuvre gigantesque : ici s'entrelacent les fresques de 10 artistes reconnus (dont Frederico Draw et Mr Dheo). Le déplacement en transport en commun est plutôt fastidieux (M Hospital São João, puis bus n° 505), et la voiture reste le meilleur moyen de s'y rendre.

de produits portugais traditionnels : sardines, saucisses, morue séchée, poulpe, *broa de Avintes* (pain dense de maïs et de seigle), piments piri-piri, mais aussi de fruits secs et de graines. (Rua Sá da Bandeira 343 ; 9h-13h et 15h-19h30 lun-ven 9h-13h sam)

Arcádia

CHOCOLATERIE

56 PLAN P. 58, C4

Depuis 1933, Arcádia attire tous les gourmands de la ville avec ses chocolats faits maison et autres douceurs : pralines et bonbons aromatisés, chocolats au porto

Chocolats d'Arcádia

Calém ou cœurs et fleurs en chocolat et dragées à la liqueur. (www.arcadia.pt ; Rua do Almada 63 ; 9h30-19h lun-ven, 9h-17h30 sam)

A Vida Portuguesa

CADEAUX ET SOUVENIRS

57 PLAN P. 58, B4

Cette jolie boutique, aménagée dans un ancien magasin de tissus, offre un assortiment de produits portugais rétro (jouets, savons, cahiers) dans d'irrésistibles emballages, ainsi que les fameuses *andorinhas* (hirondelles) en céramique de Bordallo Pinheiro. (www.avidaportuguesa.com ; Rua Galeria de Paris 20 ; 10h-20h lun-sam, 11h-19h dim)

Mercado 48

CONCEPT STORE

58 PLAN P. 58, C2

On est comme happé par la vitrine de ce *concept store*, laissant découvrir tout d'abord vélos en bois et jolies mobylettes, au design branché. Meubles, objets de déco, œuvres d'artistes locaux, vêtements, entre autres produits, raviront les amateurs de jolies choses. (Rua da Conceição 48 ; 15h-20h lun, 11h-20h30 mar-sam)

Promenade à pied

La tournée des bars des Galerias

Demandez à un Tripeiro *ses bonnes adresses de soirée, et il vous orientera vers les Galerias, zone chère aux noctambules autour des rues Galeria de Paris et Cândido dos Reis, dans le quartier d'Aliados et Bolhão. Les bars font salle comble le week-end et débordent jusque dans la rue. Mais attention, ils ne commencent à se remplir que vers minuit, voire plus tard ! L'embarras du choix ? Comme les Tripeiros, passez de l'un à l'autre !*

Itinéraires

Départ The Wall

Arrivée Era uma Vez em Paris

Distance et durée 300 m ; tant que dure la nuit

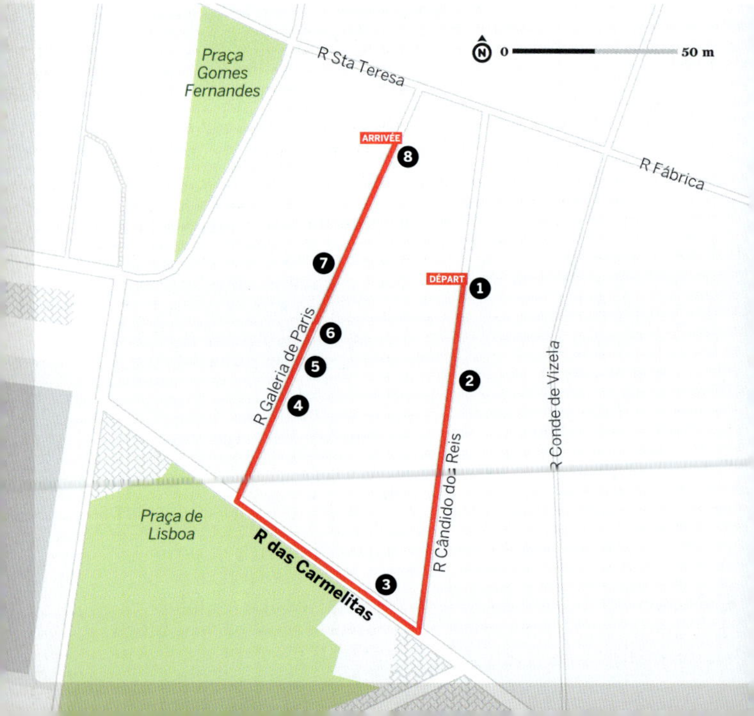

❶ Urban Cool

Avec son mur de bouteilles élégamment éclairées, **The Wall** (p. 68) est un bar lounge contemporain où démarrer la soirée en beauté et qui bat son plein le week-end. Allez-y pour un cocktail (ou deux) et pour sa musique cool.

❷ Plan fête

Continuez dans la Rua Cândido dos Reis et faites un tour au **Plano B** (p. 70), où les fêtards se dispersent sur deux étages et où les DJ mixent un peu tout, de l'électro au R'n'B. C'est aussi un lieu qui accueille des concerts, des vernissages et des performances artistiques.

❸ Librairie rétro

Si vous cherchez une ambiance un peu plus rétro, traversez pour rejoindre non loin la **Livraria da Baixa** (p. 70), un espace intime dans une ancienne librairie des années 1920 où l'on peut prendre un verre et discuter à la lueur des bougies ou, par beau temps, en terrasse.

❹ Repaire bobo

Tournez dans la Rua Galeria de Paris et vous voilà à **La Bohème** (p. 67), dont l'intérieur lambrissé en pin est signé par les architectes AVA. Un endroit joliment cool pour goûter les vins portugais accompagnés de tapas.

❺ Accueillant entrepôt

Dans un ancien entrepôt textile, le **Café au Lait** (p. 70) fédère une joyeuse clientèle *arty* aux rythmes du jazz, du blues et de la soul, autour des ses bons DJ et de ses boissons à prix raisonnables.

❻ Entre bar et bric-à-brac

Pionnière dans cette rue devenue l'épicentre de la fête à Porto, la **Galeria de Paris** (p. 70) se situe à mi-chemin entre le bar et la boutique de bric-à-brac. Ses présentoirs en bois débordent d'objets en tous genres récupérés dans les greniers. Allez-y pour ses boissons et pour la bonne ambiance le week-end quand la Galeria bat son plein.

❼ Cocktails et DJ

À quelques pas, la très branchée **Casa do Livro** (p. 69) est un autre classique de la vie nocturne de Porto. Papier peint d'époque, miroir à dorures, mobilier ancien, rayonnages de livres et lumières tamisée contribuent au charme feutré de cette librairie transformée en bar. Sirotez un cocktail au son de la house et de la soul distillées par le DJ.

❽ Il était une fois Paris

Avec ses murs rouge sombre, son mobilier rétro, ses éclairages aux ombres vacillantes, **Era uma Vez em Paris** (p. 66) vous ramène à l'époque du Paris bohème des années 1920. Des groupes, des DJ et les plus cools des cocktails : voilà de quoi finir la nuit en beauté.

SALUTIS
ERICULIS

Explorer

Miragaia

Filez tout droit au Museu Nacional Soares dos Reis (p. 80) pour admirer ses riches collections de beaux-arts et d'arts décoratifs. Reprenez des forces avec un café ou un déjeuner bio aux ingrédients de saison à l'Época (p. 89) voisin.

Faites ensuite une plongée (gratuite) au Centro Português de Fotografia (p. 82), installé dans une ancienne prison. De là, baladez-vous dans les ruelles de l'ancien quartier juif. En suivant la très pittoresque Rua de São Bento da Vitória (p. 85) vous arriverez à l'Igreja Nossa Senhora da Vitória (p. 88).

Quand la lumière décline, contemplez la ville depuis le Miradouro da Vitória (p. 85), puis allez prendre un verre de vin en écoutant du jazz dans l'ambiance animée et décontractée qui règne sur le toit-terrasse du Mirajazz (p. 93).

Comment s'y rendre et circuler

M **Métro** Aliados et São Bento.

Tramway La ligne 1 (Infante-Passeio Alegre) longe le fleuve et relie le centre-ville à Foz do Douro en passant par l'Alfândega.

Plan Miragaia p. 86

Azulejos, Igreja do Carmo (p. 88)

Les incontournables

Museu Nacional Soares dos Reis

Le Museu Nacional Soares dos Reis abrite une spectaculaire collection qui va des gravures du néolithique aux chefs d'œuvre des maîtres hollandais. Il est logé dans le riche Palácio das Carrancas, un palais néoclassique. Les œuvres les plus marquantes du musée datent du XIXe siècle : ce sont les sculptures d'António Soares dos Reis, auquel le musée doit son nom, et d'António Teixeira Lopes.

PLAN P. 86, B3

www.museusoaresdosreis.pt

Rua Dom Manuel II 44

Tarif plein 5 €, gratuit - 12 ans

10h-18h mar-dim

Galerie António Soares dos Reis

Le musée possède une belle collection d'œuvres d'António Soares dos Reis, illustre sculpteur du XIXe siècle. En tête de liste figure *O Desterrado* (l'exilé), considéré comme l'apogée de la sculpture portugaise : taillé dans le marbre de Carrare à Rome en 1872, l'homme est inspiré d'un poème sur l'exil d'Alexandre Herculano.

Sculpture

Le travail de Soares dos Reis côtoie d'autres œuvres remarquables de grands sculpteurs portugais des XIXe et XXe siècles. Citons l'*Infância de Caim* (1890 ; enfance de Caïn) d'António Teixeira Lopes, Augusto Santo et son *Ismael* (1889) ou encore cette *Cabeça de Rapaz* en bronze (1927 ; tête de garçon) de Diogo de Macedo. À ne pas manquer aussi un sarcophage du IIIe siècle av. J.-C. orné d'une frise sur le thème des quatre saisons.

Peinture

De facture portugaise, flamande et hollandaise, entre portraits, paysages et œuvres religieuses, la collection picturale est forte de 2 500 pièces allant du XVIe au XXe siècle. Parmi les pièces maîtresses, citons la puissante *Fuga de Margarida de Anjou* (fuite de Marguerite d'Anjou) de Francisco Vieira, le *Mártir Cristão* (martyr chrétien), étonnamment serein, de Joaquim Vitorino Ribeiro, et le beau clair-obscur de Henrique Pousão avec sa *Senhora vestida de preto* (dame en noir).

Arts décoratifs

Le deuxième étage est dédié aux arts décoratifs, avec de délicates faïences portugaises du XVIIe siècle et des porcelaines chinoises du XVIIIe, mais aussi de la verrerie Vista Alegre (XIXe), des bijoux allant de l'âge du fer au XVIIIe siècle portugais, en passant par des paravents emblématiques de l'art namban, illustration très évocatrice de l'arrivée des Portugais au Japon, au XVIIe siècle.

★ À savoir

- Vous trouverez de beaux souvenirs à la boutique et de quoi réviser votre histoire de l'art à la bibliothèque.
- À ne pas manquer : la galerie António Soares dos Reis, les peintures des maîtres portugais, hollandais et flamands et la sculpture d'António Teixeira Lopes.

Une petite faim ?

Le paisible café du musée (p. 91) propose d'honnêtes plats du jour à petit prix (avec toujours une option végétarienne).

Sinon, rendez-vous à deux pas au Scandi-cool Época (p. 89) pour un excellent café et repas léger.

Les incontournables

Centro Português de Fotografia

À la lisière de l'ancien quartier juif, cette construction imposante de 1767 fut un centre pénitentiaire et une cour d'appel jusqu'à la fin de la dictature qui suivit la révolution des Œillets, en 1974. Aujourd'hui, elle offre un cadre formidable à des expositions temporaires de photographie très souvent audacieuses.

PLAN P. 86, E6

Centre portugais de la Photographie

www.cpf.pt

Campo dos Mártires da Pátria

Entrée libre

10h-19h tlj

Architecture et histoire

L'histoire est bien présente ici : les anciennes cellules de la prison, dont celle où fut détenu en 1860-1861 le grand écrivain Camilo Castelo Branco (pour adultère), sont aujourd'hui un espace d'exposition, mais les clichés sépia de prisonniers sont là pour rappeler ce sombre passé, tout comme les murs épais et les grilles.

La photo sans concession

Le CPF accueille chaque année plusieurs expositions de photo qui puisent tous azimuts : portraits, thématiques provocatrices, abstraction ou paysages, tout est permis. On a pu y voir dernièrement des expositions sur des bâtiments abandonnés et en ruines, des paysages dévastés par la guerre et des photos inédites de Frida Kahlo.

Appareils photo anciens

Au dernier étage du centre, la collection permanente d'appareils photo anciens (photo à gauche) retrace une histoire de la pratique depuis ses tout débuts et vient rappeler, à l'ère d'Instagram, que la photographie fut longtemps un art de la patience. "Appareil du détective" Kodak, Brownie du début XXe siècle, petits bijoux des marques Century, Varsity et Goldy, reflex du début des années 1930 et autres merveilles feront tourner la tête aux mordus de 8e art.

De la théorie à la pratique

Photographes amateurs et amateurs de photo, à vous de jouer ! Stimulé par le regain d'inspiration que vous aura procuré la visite, enfoncez-vous dans les ruelles médiévales autour de la Rua de São Bento da Vitória pour immortaliser des scènes de rue, ou grimpez au Miradouro da Vitória (p. 85) pour saisir la beauté des paysages urbains.

★ À savoir

- L'entrée est gratuite : allez-y autant que vous le voulez !
- Prévoyez du temps pour flâner dans les ruelles de l'ancien quartier juif, à côté.
- Ne manquez pas le très peu compact Penrose de 1900, l'un des plus gros appareils photo au monde.
- Belle sélection d'ouvrages et de magazines internationaux à la librairie.

Une petite faim ?

À 5 minutes, Noshi Coffee (p. 90) permet de grignoter un petit quelque chose de sain, comme une salade ou un sandwich toasté et de prendre un excellent café.

Une solide cuisine de famille vous attend chez O Caraças (p. 91), dans la Rua das Taipas voisine.

Promenade à pied

Le quartier juif de Porto

C'est dans le lacis de ruelles autour de la Rua de São Bento da Vitória que naquit au XIVe siècle l'Olival, l'ancienne judiaria *de Porto. Un quart de la population de Porto était alors de confession juive, avant d'être considérablement réduite par l'Inquisition. Il fait bon se perdre dans ce labyrinthe médiéval, et découvrir cette période de l'histoire de Porto.*

Itinéraire

Départ Rua de São Bento da Vitória

Arrivée Mirajazz

Distance et durée 650 m ; 1 heure

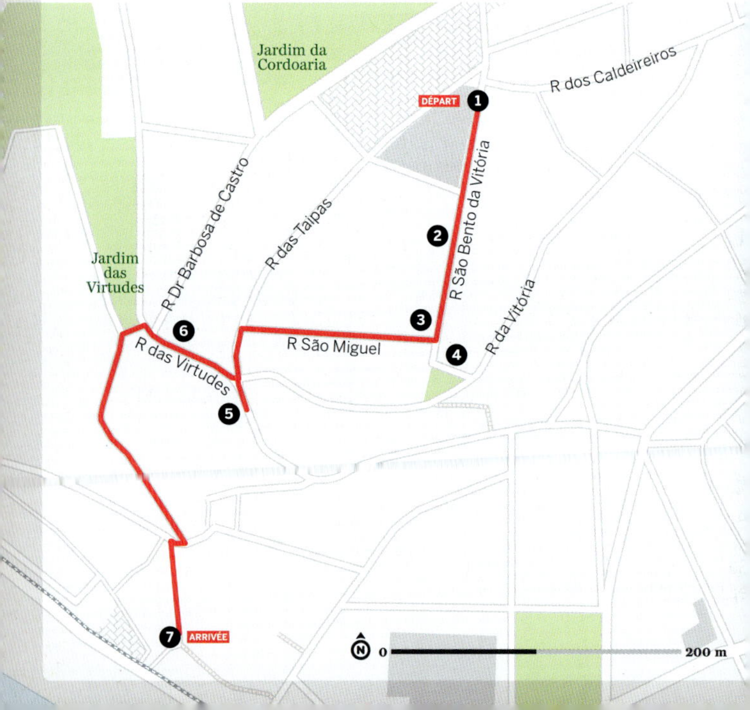

❶ L'histoire au coin de la ruelle

Dessinant une courbe douce, l'étroite **Rua de São Bento da Vitória**, avec ses pavés usés par des siècles d'allées et venues et ses jolies maisons aux balcons de fer forgé, était le cœur du Porto juif au Moyen Âge. Ouvrez l'œil et vous verrez des traces de cette présence, tels les heurtoirs en forme de *Khamsa* (main protectrice).

❷ D'une religion l'autre

Devant le **Mosteiro de São Bento da Vitória**, (Rua de São Bento da Vitória) une plaque rend hommage aux juifs expulsés en 1496 sous le règne implacable de Manuel Ier et par l'Inquisition portugaise. Classé monument national, il renferme un beau cloître de granit et accueille des spectacles du Teatro Nacional de São João (p. 94).

❸ Azulejos

En descendant, ne manquez pas sur votre droite la **maison à l'angle de la Rua São Miguel** (Rua São Miguel 4) : ses panneaux d'azulejos bleu, blanc et jaune, du XIXe siècle, illustrent des scènes de la vie de la Vierge et du quotidien des habitants de Porto.

❹ Plus près du ciel

Arrêtez-vous en haut de la colline au **Miradouro da Vitória** (Rua São Bento da Vitória) pour une vue époustouflante sur les toits qui dégringolent jusqu'à la gracieuse arche du pont sur le fleuve. Au crépuscule, quand les monuments s'illuminent et que s'allument les lumières des caves de Vila Nova de Gaia, le Miradouro fait un sublime belvédère.

❺ À la source

C'est l'une des dernières fontaines publiques de Porto, où l'on s'approvisionnait autrefois en eau de source et en potins frais : sculpté dans le style néoclassique, le **Chafariz da Rua das Taipas** (Rua das Taipas) date de la fin du XVIIIe siècle.

❻ Table familiale

Revenez sur vos pas et bifurquez pour apprécier le merveilleux panorama sur Porto qui se dévoile depuis le Jardim das Virtudes. À l'angle, la **Taberna de Santo António** (☎222 055 306 ; Rua das Virtudes 32 ; plats 8.50-12 € ; ⏰12h-15h et 19h-22h mar-dim) est une adresse familiale qui tire sa fierté de son accueil souriant et de sa solide cuisine portugaise : morue, sardines grillées et *cozido* (sorte de pot-au-feu portugais) y sont servis généreusement à une clientèle nombreuse le midi.

❼ Toit-terrasse

Après un déjeuner copieux, il n'y a pas mieux pour une soirée cool qu'un agréable verre dans l'ambiance jazzy du **Mirajazz** (p. 93) ?

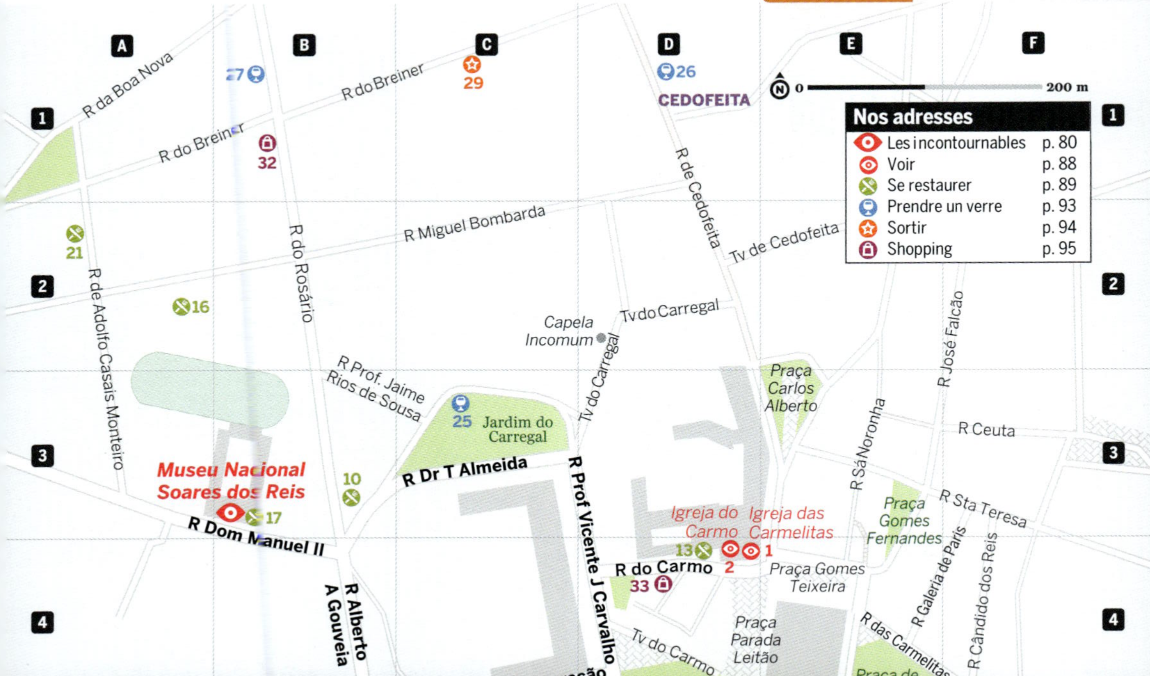
Nos adresses
Les incontournables p. 80
Voir p. 88
Se restaurer p. 89
Prendre un verre p. 93
Sortir p. 94
Shopping p. 95
0 200 m
CEDOFEITA
R da Boa Nova
R do Breiner
R do Breiner
R Miguel Bombarda
R do Rosário
R de Adolfo Casais Monteiro
R de Cedofeita
Tv de Cedofeita
Tv do Carregal
Capela Incomum
Tv do Carregal
R Prof. Jaime Rios de Sousa
Jardim do Carregal
R Dr T Almeida
Museu Nacional Soares dos Reis
R Dom Manuel II
R Alberto A Gouveia
R Prof Vicente J Carvalho
Praça Carlos Alberto
R Sá Noronha
R José Falcão
R Ceuta
R Sta Teresa
Praça Gomes Fernandes
R Galeria de Paris
R Cândido dos Reis
Igreja do Carmo
Igreja das Carmelitas
R do Carmo
Praça Gomes Teixeira
Praça Parada Leitão
Tv do Carmo
R das Carmelitas
A B C D E F
1 2 3 4
27 29 26 32 21 16 25 10 17 13 1 2 33

R da Restauração
Largo do Viriato
R da Bandeirinha
MIRAGAIA
R A Albuquerque
Campo dos Mártires da Pátria
8 Jardim da Cordoaria
14
R dos Caldeireiros
Centro Português de Fotografia
R de Monchique
R do Monte dos Judeus
R São Pedro de Miragaia
Calçada das Virtudes
Passeio das Virtudes
R Dr Barbosa de Castro
R das Taipas
R São Bento da Vitória
R da Vitória
28
Largo da Alfândega
R Armazéns
3 Jardim das Virtudes
11
Taberna de Santo António
R São Miguel
5 Igreja Nossa Senhora da Vitória
R das Flores
R Nova da Alfândega
34
9 Museu dos Transportes
R Atafona
4 Igreja de São Pedro de Miragaia
R Francisco da Rocha Soares
R das Virtudes
12
18
15 19
Museu das Marionetas
6 31
Largo de São Domingos
R de Belomonte
R T Gonzaga
R da Arménia
R de Miragaia
Escadas do Caminho Novo
30
24
22
R São João Novo
R do Comércio do Porto
Largo de São Pedro de Miragaia
20
7 Igreja de São João Novo
R da Bolsa
R Ferreira Borges
R Mouzinho da Silveira
RIBEIRA
Rio Douro
Biclas & Triclas
23
Escadas do Recanto
Vieguini
Palácio da Bolsa
5
6
7
8
A
B
C
D
E
F

Voir

Igreja das Carmelitas ÉGLISE

1 PLAN P. 86, D4

On peut aisément passer à côté de cette église sans la distinguer de sa voisine l'Igreja do Carmo : la construction de seulement 1 m de large qui sépare ces deux églises isolait jadis les moines du Carmo des religieuses carmélites. Construite au XVIIe siècle, sa modeste façade classique cache une nef somptueusement dorée. (Rua do Carmo ; 7h30-19h lun-ven, 9h-18h45 sam-dim)

Igreja do Carmo ÉGLISE

2 PLAN P. 86, D4

Cette étonnante église de la fin du XVIIIe siècle est l'un des plus beaux exemples d'architecture rococo de Porto. La fresque d'azulejos qui recouvre la façade latérale est un hommage à la Vierge. (Rua do Carmo ; 8h-12h et 13h-18h lun et mer, 9h-18h mar et jeu, 9h-17h30 ven, 9h-16h sam, 9h-13h30 dim)

Jardim das Virtudes JARDIN

3 PLAN P. 86, C6

Les *tripeiros* adorent venir pique-niquer ou prendre l'apéritif dans ces jardins dont les pelouses en terrasses s'étagent à flanc de colline. Vous pourrez vous adonner à la contemplation du panorama splendide sur la ville, ses toits, son fleuve et, en face, les chais de porto de Vila Nova de Gaia. (Passeio das Virtudes ; 9h-19h)

Igreja de São Pedro de Miragaia ÉGLISE

4 PLAN P. 86, B7

Dédiée à saint Pierre, patron des pêcheurs, cette église bâtie au Moyen Âge est l'une des plus vieilles de Porto mais fut intégralement reconstruite aux XVIIe et XVIIIe siècles. De beaux azulejos ornent sa façade, ainsi que l'intérieur baigné de lumière, où étincellent les délicates boiseries dorées d'un autel fastueux. (Largo de São Pedro de Miragaia ; 15h30-19h mar-sam, 10h-11h30 dim)

Igreja Nossa Senhora da Vitória ÉGLISE

5 PLAN P. 86, E7

C'est en 1539, sur des terrains qui appartenaient auparavant à la communauté juive, que fut bâtie la toute première église sur ce site de Vitória, le quartier médiéval de Porto. L'actuel édifice, de 1769, oppose à une façade classique d'impressionnants ornements rococo, à l'intérieur, dont de riches retables en bois sculpté. L'autel abrite la statue de Nossa Senhora da Vitória (Notre-Dame-de-la-Victoire), œuvre de l'enfant du pays, Soares dos Reis. (Rua São Bento da Vitória 1 ; 9h-12h et 16h-19h30 mar-ven, 9h-12h et 14h30-17h sam, 9h-23h30 dim)

Museu das Marionetas MUSÉE

6 PLAN P. 86, D7

Le musée des Marionnettes de Porto met en valeur les

remarquables marionnettes qui ont été créées depuis 25 ans pour la scène du Teatro Marionetas do Porto (p. 95). Les expositions tournantes présentent celles de spectacles comme *Macbeth*, *Faust* et *Cendrillon*. (www.marionetasdoporto.pt ; Rua das Flores 22 ; 2 € ; 11h-13h et 14h-18h)

Igreja de São João Novo ÉGLISE

7 PLAN P. 86, D8

En haut d'un dédale d'escaliers en pierre, cette église médiévale, offrant une vue superbe, fut édifiée en 1539 sur une parcelle de l'ancien quartier juif de Porto. L'endroit est idéal pour faire une halte et reprendre son souffle. (Largo de São João Novo ; 8h-11h et 15h-17h lun-ven, 16h30-18h30 sam, 8h-10h dim)

Jardim da Cordoaria JARDIN

8 PLAN P. 86, D5

La Cordoaria, officiellement "Jardim de João Chagas", est un jardin agréable où admirer quatre sculptures troublantes de l'Espagnol Juan Muñoz. Les ruelles romantiques au nord du parc sont bordées des bars les plus branchés de Porto. (Rua Campo dos Mártires da Pátria)

Museu dos Transportes e Comunicações MUSÉE

9 PLAN P. 86, B7

Installé dans une splendide douane du XIXe siècle, au bord du fleuve, ce musée retrace l'histoire de l'automobile, de la radio et des communications et se projette dans leur avenir. (www.amtc.pt ; Rua Nova da Alfândega ; exposition sur l'automobile adulte/enfant 3/1,50 €, exposition sur les communications 5/2,50 € ; 10h-13h et 14h-18h mar-ven, 15h-19h sam-dim)

Un tour de vélo

Biclas & Triclas (Plan p. 86, C8 ; 220 996 130 ; www.tricla.pt ; Rua da Arménia 30 ; location de vélo 10 €/jour ; 9h30-20h) étant situé sur les rives du Douro, c'est bien pratique pour rejoindre les sentiers cyclistes au bord du fleuve, sans avoir à affronter les collines (il loue aussi des vélos électriques pour aider à les vaincre). Il propose aussi plusieurs circuits combinant vélo, surf, gastronomie et dégustation de vins (pas tous en même temps).

Se restaurer

Época CAFÉ €

10 PLAN P. 86, B3

Ce café ensoleillé joue le style scandinave avec ses murs blancs et son mobilier en bois clair. Excellents breuvages à partir de cafés en grains et menu de saison à base de plats végétariens et véganes affichés sur l'ardoise. (913 732 038 ; www.epocaporto.com ; Rua do Rosário 22 ; petit-déjeuner à partir de 3,50 € ; 9h-17h mar-ven, 10h-16h sam)

Porto vous prend aux tripes

Vous constaterez vite que les habitants sont très attachés à leur surnom de *Tripeiros*, qui signifie… "mangeurs de tripes". Un petit nom pas honteux, mais pas franchement glamour non plus.

On raconte qu'au temps des grandes découvertes, aux XIVe-XVe siècles, lorsque Porto et le Portugal envoyaient leurs explorateurs sur les mers, ces derniers emportaient pour la traversée les meilleurs morceaux de viande et ne laissaient aux "terriens" que les abats. D'autres étymologistes amateurs assurent que le nom de *Tripeiro* remonte à la guerre civile portugaise (1828-1834) et au siège de Porto en 1832 : toute la bonne viande était donnée aux soldats, le peuple devant se contenter des bas morceaux.

Une chose est sûre, les tripes ont la cote auprès des *Tripeiros*, et nombre de restaurants proposent les *tripas à moda do Porto*, généreux ragoût de tripes, de légumes et de haricots blancs aux parfums de laurier, de citron, d'ail et de coriandre et couvert d'une chapelure croustillante.

Porta 4 PETISCOS €

11 PLAN P. 86, D6

Comme le révèle son nom, le Porta 4, tout petit et chaleureux, ne compte que 4 tables. Si vous avez la chance d'en obtenir une (réservez), vous allez vous régaler de *petiscos* tels que du calamar à la pomme verte ou de la longe de porc avec polenta à la betterave – à 5 € chaque. (913 203 489 ; Rua do Dr Barbosa de Castro 4 ; petiscos 5 €, menu du chef pour deux pers 30 € ; 19h30-23h30 lun-sam)

Hungry Biker CAFÉ €

12 PLAN P. 86, D7

Ce café bohème écolo, dont le mobilier est fait à partir de palettes en bois et de vieilles portes, vaut le détour pour son excellent petit-déjeuner/brunch (toasts, gaufres maison, etc.) et pour ses smoothies plein de vitamines. Location de vélo 4/11 € la demi-journée/journée. (Rua das Taipas 68-72 ; petit-déjeuner et repas léger 2,50-7 € ; 9h-16h)

Noshi Coffee CAFÉ €

13 PLAN P. 86, D4

Le Noshi est un café branché et accueillant. Il propose une bonne sélection de cafés : cappuccino, cafés au lait de soja, expressos 100% Arabica et cafés filtres. Côté restauration, la carte comprend des tartines (par exemple poire, fromage de chèvre, miel et noix) ainsi que des salades ou des pâtes, avec des options sans gluten. (222 053 034 ; www.facebook.com/noshicoffee ; Rua do Carmo 11 ; plats 7-11 €, menu déjeuner

8,90 € ; 8h30-19h30 mar-ven, 9h-20h sam, 10h-18h dim ;)

A Sandeira

SANDWICHS €

14 PLAN P. 86, F5

Charmant repaire bobo décoré de guirlandes lumineuses, A Sandeira est un super endroit pour déjeuner à petit prix. Un personnel avenant sert à table de bonnes salades (comme celle au jambon fumé, roquette, avocat et noix) et de très bon sandwichs (avec, par exemple, olive, feta, tomate et basilic). La formule déjeuner soupe + salade ou sandwich + boisson est une affaire. (223 216 471 ; www.asandeira.pt ; Rua dos Caldeireiros 85 ; sandwichs 4,90 €, formule déjeuner 5 € ; 9h-minuit lun-sam ;)

El Argento

CAFÉ/EMPANADAS €

15 PLAN P. 86, D7

Cette adresse dédiée aux *empanadas* propose un large choix : au poulet épicé ou au provolone, avec une bonne rasade de sauce *chimichurri*. On y sert aussi des tartes et autres douceurs, ainsi que du vin argentin et des jus de fruits pressés. (222 058 036 ; www.facebook.com/elargentoporto ; Rua das Taipas 4 ; empanadas 2 € ; 12h-21h30 lun-jeu, 12h-22h30 ven-sam)

Casa Diogo

CAFÉ €

16 PLAN P. 86, A2

La famille Diogo accueille ses hôtes comme à la maison. Ce café étant installé dans une maison rénovée où les tables sont réparties dans trois pièces différentes contribue d'ailleurs à ce sentiment. Le menu du jour au déjeuner comprend des mets traditionnels cuisinés sur place tandis que le pain et les gâteaux proviennent de la boulangerie familiale en dehors de Porto qui existe depuis six générations. (220 167 295 ; www.facebook.com/casadiogobiscoitariaemerceariafina ; Rua de Miguel Bombarda 416 ; formule déjeuner 6,50 € ; 11h-19h30 lun-jeu, 11h-22h ven-sam)

Café du Museu Nacional Soares dos Reis

CAFÉ €

17 PLAN P. 86, B3

Le paisible café du musée est fort agréable pour avaler un plat du jour (avec option végétarienne) ou pour s'attarder autour d'un café et d'une part de tarte faite maison. L'été, il ouvre sur un patio. (www.museusoaresdosreis.pt ; Rua Dom Manuel II ; plats du jour 5,50-7,50 € ; 12h-18h mar, 10h-18h mer-dim)

O Caraças

PORTUGAIS €

18 PLAN P. 86, D7

On se sent comme à la maison dans cette adorable et pittoresque taverne aux murs de pierre, que chaperonnent avec amour et entrain une mère et ses deux filles. Il n'y a pas de carte à proprement parler, mais souvent une généreuse cuisine portugaise en direct du marché (de la morue jusqu'au porc cuit à la perfection). (222 017 179, 220 174 505 ; Rua das Taipas 27 ; plats 7-10 € ; 11h30-14h30 et 19h30-23h lun-sam)

Sacré vin

Niché dans une ruelle, la **Capela Incomum** (Plan p. 86, D2 ; ☎936 129 050 ; www.facebook.com/capelaincomum ; Travessa do Carregal 77 ; verre de vin à partir de 3 € ; ⏲16h-minuit lun-mer, 16h-2h jeu-sam) est une chapelle du XIXe siècle transformée en un élégant bar à vins avec une impressionnante sélection de vins portugais. Remarquez le superbe autel en bois avant de monter à l'étage dans une salle pittoresque pour grignoter une assiette de charcuteries et de fromages locaux.

Belos Aires

ARGENTIN **€€**

19 PLAN P. 86, D7

L'âme de ce restaurant fusion argentin/portugais est son chef Mauricio, un véritable personnage qui voue une passion sans borne à son pays natal l'Argentine. Le menu à base de produits du marché change fréquemment ; néanmoins on y sert toujours de superbes steaks et des *empanadas* à tomber. Gardez un peu d'appétit pour le brownie au chocolat accompagné de *dulce de leche* (confiture de lait). (☎223 195 661 ; www.facebook.com/belosairesrestaurante ; Rua de Belomonte 104 ; plats 17-25 € ; ⏲8h-11h30 et 19h-minuit lun-sam ; wifi)

Intrigo

PORTUGAIS **€€**

20 PLAN P. 86, C8

Ce café, meublé d'un bric-à-brac vintage, possède une terrasse avec vue sur les toits et jusqu'au fleuve. Irrésistible ! Côté cuisine, il revisite les saveurs portugaises : depuis les beignets de morue salée accompagnés de confiture de raisin jusqu'aux joues de porc noir cuites à basse température avec du fromage de chèvre. (☎969 290 539 ; www.facebook.com/intrigobreadandsoul ; Rua Tomás Gonzaga 90 ; plats 10-18 € ; ⏲12h-22h dim-jeu, 12h-23h ven-sam)

Frida

MEXICAIN **€€**

21 PLAN P. 86, A2

Cette table, qui reprend le nom de la plus flamboyante des artistes mexicaines, vient mettre du piment dans la cuisine de Porto. Dans une ambiance intimiste ménagée par les lumières douces, les collages de coupures de presse mexicaines et les reproductions d'œuvres troublantes de Frida Kahlo, on en prend plein les papilles, aussi bien avec les tacos au bœuf et les *chiles en nogada* (piments *poblanos* farcis à la sauce aux noix) qu'avec les cocktails acidulés à base de tequila. (☎226 062 286 ; www.cocinamestiza.pt ; Rua Adolfo Casais Monteiro 135 ; plats 12-20 € ; ⏲20h-minuit ; wifi)

Mistu

INTERNATIONAL **€€€**

22 PLAN P. 86, D8

Tables de bistrot en marbre, chaises Thonet, lumière douce, fenêtres en arcades et plantes grimpantes évoquent un charme d'un autre temps. Deux amis ont transformé ce bâtiment néo-mauresque en un restaurant intime où la délicieuse cuisine a des connotations asiatique et sud-américaine, tels que le ceviche de thon, gingembre et avocat ou les crevettes à la thaïlandaise et le fondant au *dulce de leche*. (926 682 620 ; mistu.pt ; Rua do Comércio do Porto 161 ; plats 19-28 € ; 20h-23h30 lun, 12h30-15h et 20h-23h30 mar-sam)

Prendre un verre

Mirajazz

BAR À VINS

23 PLAN P. 86, C8

En haut de l'escalier escarpé qui monte depuis le fleuve se trouve l'un des plus beaux toits-terrasses de Porto. Le coucher du soleil est idéal pour siroter un *porto tónico* ou un verre de vin portugais bien choisi en grignotant des *petiscos*. Ambiance décontractée et musique jazzy. (www.facebook.com/mirajazz ; Escadas do Caminho Novo 11 ; 15h-20h)

Pinguim Café

CAFÉ, BAR

24 PLAN P. 86, D7

Une bulle chaleureuse et bohème en plein cœur de Porto, qui séduit une clientèle d'alternatifs. Ambiance intimiste avec pierres apparentes et lumière tamisée, programmation de théâtre, projections de films, lectures de poésie et expos... et du gin tonic. L'endroit est bondé le week-end. (www.facebook.com/PinguimCafe ; Rua de Belomonte 65 ; 21h-4h lun-ven, 22h-4h sam et dim)

Catraio (p. 94)

Espiga

BAR

25 PLAN P. 86, C3

Ce centre culturel nourrit l'imagination avec des expositions temporaires, des ateliers et autres manifestations (programme sur Facebook). Il remplit aussi les estomacs et étanche la soif. Murs et piliers en béton donnent au lieu un style industriel cool. La terrasse ensoleillée s'avère un endroit de détente idéal pour les après-midis d'été. (934 214 308 ; www.facebook.com/espigagaleriabar ; Rua Clemente Menéres 65A ; spiritueux et cocktails à partir de 4 € ; 16h-1h mer-dim)

Catraio

BAR À BIÈRES

26 PLAN P. 86, D1

Ce bar-boutique, au cadre épuré, éclairé par des lampes-bouteilles, met l'accent sur les bières artisanales portugaises, mais propose aussi un bon choix de bières venues d'ailleurs. (catraio.pt ; Rua de Cedofeita 256 ; 16h-minuit mar-jeu, 16h-2h ven-sam ;)

Gato Vadio

BAR

27 PLAN P. 86, B1

Une association culturelle tient ce café-bar *arty*, derrière une librairie, qui propose des projections de films, des lectures et, parfois, des dîners de fête. Un joli petit patio se trouve à l'arrière. On y sert des gâteaux, des biscuits et du thé, ainsi que les breuvages habituels des bars. (www.gatovadiolivraria.blogspot.com.au ; Rua do Rosário 281 ; 17h-minuit jeu-dim)

Sortir

Teatro Nacional São João

THÉÂTRE

28 PLAN P. 86, E6

La programmation (consultable en ligne) embrasse tout le spectre des arts, du théâtre au ballet en passant par les lectures ; comptez entre 7,50 et 15 € le spectacle. (223 401 900 ; www.tnsj.pt ; Rua de São Bento da Vitória)

Breyner 85

MUSIQUE LIVE

29 PLAN P. 86, C1

Ce lieu original, dans une maison de ville à deux niveaux, accueille une programmation de concerts aux affiches éclectiques (rock, jazz et blues), mais aussi des mix de DJ et des soirées karaoké et quiz. Le jardin verdoyant est un délice. Jam-sessions le dimanche à 23 € avec une conso de 3 € minimum obligatoire. (936 440 865 ; www.breyner85.com ; Rua do Breiner 85 ; 19h-2h mer-dim)

O Fado

FADO

30 PLAN P. 86, D7

Porto n'a pas de tradition de fado, mais on peut écouter des versions du "blues portugais" de Lisbonne et de Coimbra jusque tard dans la nuit au Restaurante O Fado. L'endroit est très touristique, mais le fado qu'on y joue a bonne réputation. Les plats coûtent entre 23,50 € et 45 €. (222 026 937 ; www.ofado.com ; Largo de São João Novo 16 ; 20h30-1h lun-sam)

Teatro Marionetas do Porto

THÉÂTRE

31 PLAN P. 86, E7

Succès assuré auprès des enfants, ce théâtre de marionnettes ne vise pas seulement la clientèle enfantine : ses spectacles vont de *Cendrillon* au théâtre engagé en faveur de la non-violence. (222 089 175 ; www.marionetasdoporto.pt ; Rua de Belmonte 57)

Là où fleurit le street art

Une véritable expo à ciel ouvert vous attend dans la **Rua São Pedro de Miragaia**. Hazul Luzah, l'un des *street artists* les plus prolifiques de Porto, y a réalisé incognito, comme toujours, une série de 10 œuvres, intitulée *Florescer* ("fleurir", "s'épanouir"). Ses créatures ondoyantes et fantasmagoriques soufflent un vent de poésie sur les façades en ruine.

Shopping

Scar-id Store

VÊTEMENT

32 PLAN P. 86, B1

Situé en plein cœur du quartier artistique de Porto, ce *concept store* moderne présente les créations de designers portugais. André Ramos et Silvia Costa, ses propriétaires désireux de créer un point de vente mettant en valeur les talents *portuenses* dans le domaine de la mode, présentent un éventail unique de vêtements, bijoux, chaussures et soins de la peau. Aujourd'hui, ils regroupent une quarantaine de créateurs. (www.scar-id.com ; Rua do Rosário 253 ; 15h-20h lun, 10h-20h mar-sam)

Garrafeira do Carmo

CAVISTE

33 PLAN P. 86, D4

Une équipe de cavistes sympathiques et à l'écoute vous aidera à faire votre choix parmi une formidable sélection de portos (dont des vintage très recherchés) et d'excellents vins du Douro, de l'Alentejo, du Dão et d'ailleurs. En prime, les prix sont raisonnables et des dégustations peuvent être organisées. Expéditions possibles.(www.garrafeiracarmo.com ; Rua do Carmo 17 ; 9h-19h lun-ven, 9h-13h sam)

Armazém

ARTISANAT, VINTAGE

34 PLAN P. 86, B7

Porto est avide de nouveaux espaces créatifs, et Armazém, situé dans un entrepôt réhabilité près du fleuve, répond pleinement à cette tendance. Doté d'une cheminée à foyer ouvert en son centre, le lieu réunit une galerie d'art, un café et des boutiques sous le même toit. On y vend de tout : objets vintage, vinyles, œuvres d'art et céramiques ainsi que des vêtements et des sacs originaux de créateurs portugais. (Rua da Miragaia 93 ; 11h30-20h)

Explorer

Vila Nova de Gaia

Vila Nova de Gaia vous fait remonter au XVIIe siècle, quand des marchands anglais transformèrent le vin en un délicieux breuvage digestif en y ajoutant un peu d'eau-de-vie. Les grands chais des maisons de porto alignés sur l'autre rive du Douro sont une invitation aux visites de caves, dégustations de porto et dîners sur des toits-terrasses avec vue sur le centre historique.

Traversez à pied le pont de Dom Luís I pour la vue vertigineuse sur la ville et le Douro. Vous déboucherez au Jardim do Morro (p. 99), ombragé de palmiers. De là, prenez le Teleférico de Gaia (p. 100) pour descendre sur les berges du fleuve.

Après un tour dans les salles d'exposition et une dégustation de porto à l'Espaço Porto Cruz (p. 99), optez pour un déjeuner avec vue au De Castro Gaia (p. 104). Étape suivante : les chais. Pour la qualité de la visite et de la dégustation ainsi que pour la vue sur la ville, les deux plus intéressants sont Graham's (p. 100) et Taylor's (p. 100).

À l'heure où la lumière dore les façades de la Ribeira, prenez l'apéritif au 360° Terrace Lounge (p. 106), avant d'aller dîner chez Vinum (p. 105) un restaurant très stylé en haut de la colline.

Comment s'y rendre et circuler

M Métro La ligne D jusqu'au Jardim do Morro.

Ferry Le **Douro River Taxi** (223 742 800 ; www.dourorivertaxi.com ; Av Diogo Leite ; aller 3 € ; 10h-coucher du soleil) effectue la traversée entre le Cais da Estiva dans le quartier de la Riberia et les rives de Vila Nova de Gaia.

Plan Vila Nova de Gaia p. 98

Salle de dégustation, Taylor's (p. 100) HERACLES KRITIKOS / SHUTTERSTOCK ©

Nos adresses
Voir p. 99
Se restaurer p. 103
Prendre un verre p. 106
Sortir p. 106
Shopping p. 107
200 m
Rio Douro
Ponte de Dom Luís I
Av Diogo Leite
Teleférico de Gaia
Calçada Serra
3 Mosteiro da Serra do Pilar
Jardim do Morro
1 Jardim do Morro
R Rocha Leão
Av República
General Torres
R Pilar
R Gen Torres
R Barroca
8 Cálem
11 Kopke
17
15
Turismo (Gaia)
Espaço Porto Cruz
2
16
7 Sandeman
22
10 eFun GPS Tours
23
21
R França
R Guilherme Braga
R Cândido dos Reis
20
Largo Santa Marinha
R do Choupelo
R Barão de Forrester
6 Taylor's
12 Croft
Av Manoel de Oliveira
R Serpa Pinto
R Dom Afonso III
13 Ramos Pinto
Mercado Beira-Rio
Barcadouro
R Guilherme Gomes Fernandes
Av Ramos Pinto
14 Ferreira
R Rei Ramiro
9 Douro Azul
5 Graham's
19
18

Voir

Jardim do Morro JARDINS

1 PLAN P. 98, F2

Ce jardin ombragé de palmiers, qui s'étend en haut de la colline, est accessible directement par le téléphérique ou par la partie supérieure du pont Dom Luís I. Son principal attrait tient à sa vue sur le fleuve en contrebas et sur la Ribeira sur l'autre rive, qui a des allures de carte postale. (Av da República)

Espaço Porto Cruz CHAIS, MUSÉE

2 PLAN P. 98, D2

Cet élégant bâtiment restauré du XVIIIe siècle, au bord du fleuve, est un véritable temple du porto. Outre pour les dégustations (dégustation au verre à partir de 3 € ou 9,50 € pour 3 sortes de portos) , on y vient pour les salles d'exposition, le toit-terrasse avec vue panoramique et, au 3e étage, le restaurant De Castro Gaia (p. 104). Les 1er et 2e étages sont consacrés à une petite exposition (gratuite) sur le porto, dont l'attrait principal est un voyage virtuel à 360° au-dessus de Porto et du Douro. (www.myportocruz.com ; Largo Miguel Bombarda 23 ; 11h-19h mar-dim)

Mosteiro da Serra do Pilar MONASTÈRE

3 PLAN P. 98, F2

Sur la colline qui surplombe Gaia, ce monastère du XVIIe siècle possède un étonnant cloître circulaire, une église à l'autel doré et offre, depuis sa coupole, une

Mosteiro da Serra do Pilar

vue magnifique sur le fleuve (c'est l'un des rares endroits d'où l'on ait une vue plongeante sur le pont Dom Luís I). Il appartient encore aujourd'hui à l'armée portugaise. (Rampa do Infante Santo ; adulte/enfant 4/2 € ; 10h-18h30 mar-dim avr-oct, 10h-17h30 nov-mars)

Teleférico de Gaia

TÉLÉPHÉRIQUE

4 PLAN P. 98, E2

Ne manquez pas de faire un tour en *teleférico*, qui offre une vue splendide sur le Douro et Porto. Le trajet, de 5 minutes seulement, s'effectue entre l'extrémité sud du pont Dom Luís I et les berges du fleuve. (www.gaiacablecar.com ; aller simple/aller-retour 6/9 € ; 10h-20h mai-sept, 10h-18h oct-mars)

Graham's

VIN

5 PLAN P. 98, A1

Ce chais de Gaia, l'un de ceux fondés par les Britanniques, en 1820, a été entièrement rénové et doté d'un petit musée. La maison est très réputée et ses visites guidées sont très fréquentées. D'une durée d'environ 30 minutes, elles vous entraînent dans les pittoresques caves où s'alignent les barriques et sont suivies d'une dégustation de 3 à 8 sortes de porto (le prix des visites varie selon la qualité des portos dégustés). (223 776 492, 223 776 490 ; grahams@grahamsportlodge.com ; Rua do Agro 141 ; visite-dégustation à partir de 15 € ; 9h30-18h avr-oct, 9h30-17h30 nov-mars)

Taylor's

VIN

6 PLAN P. 98, C4

Surplombant le fleuve, ce ravissant domaine *so british* jouit d'une vue superbe sur Porto. Ses visites audioguidées, disponibles en français, comprennent la dégustation de 2 portos haut de gamme – récompense qui justifie la courte mais rude montée. (223 742 800 ; www.taylor.pt ; Rua do Choupelo 250 ; visite-dégustation adulte/enfant 15/6 € ; 10h-18h)

Sandeman

VIN

7 PLAN P. 98, D2

Occupant un imposant bâtiment en granit, Sandeman a de quoi plaire aux néophytes. La visite du musée est gratuite et accompagnée par des guides arborant capes et chapeaux noirs. Les peintures et souvenirs exposés remontent à 1790, époque où le jeune Écossais George Sandeman se lança dans le commerce du porto et du sherry. (223 740 533 ; www.sandeman.com ; Largo Miguel Bombarda 3 ; musée entrée libre, visite-dégustation 12-40 € ; 10h-20h mars-oct, 10h-12h30 et 14h-18h nov-fév)

Cálem

VIN

8 PLAN P. 98, E2

Réputés depuis 1859, ces chais ont remporté un prix en œnotourisme. Didactique et ludique, la visite guidée (30 minutes, en français) comporte une projection vidéo dans l'un des gigantesques fûts en chêne servant à l'élevage du porto.

Tout sur le porto

Ce sont sans doute les Romains qui introduisirent la vigne dans la vallée du Douro, il y a quelque 2 000 ans, mais la création du porto reviendrait aux marchands britanniques du XVIIe siècle. Leur pays étant en guerre avec la France, ils se tournèrent vers leur vieil allié, le Portugal, pour satisfaire leur demande de vin. La vallée du Douro était une région très productive, mais ses vins étaient sombres et astringents. D'après la légende, les Britanniques ajoutèrent un peu de brandy au jus de raisin, à la fois pour diminuer l'acidité du vin et pour augmenter son degré alcoolique afin qu'il supporte mieux le voyage jusqu'en Angleterre. Le porto était né. En fait, la méthode était peut-être déjà connue dans la région, mais ce "vin fortifié" plut beaucoup aux Anglais. Ils édifièrent de grands chais sur la colline de Vila Nova de Gaia et raffinèrent l'art du porto, comme en témoignent des maisons telles que Taylor's, Graham's, Sandeman ou Ramos Pinto.

Les cépages du porto sont d'une résistance rare. Ils poussent sur les terrasses escarpées et rocheuses du Douro, presque sans terre ni eau. Leurs racines doivent s'enfoncer à une trentaine de mètres, à travers des couches de schiste acide, pour trouver leur nourriture. Ils supportent l'extrême chaleur de l'été et les températures glacées de l'hiver – conditions idéales pour obtenir un jus de raisin dense et concentré. Les cépages les plus usités sont des rouges sombres et robustes : *touriga, tinto cão* et *tinto barroca*.

Le raisin, récolté à la main en automne, est aussitôt trié et écrasé (souvent encore foulé au pied, la meilleure manière d'extraire les arômes et de produire des vins équilibrés, structurés et puissants), en associant plusieurs cépages pour enrichir la palette aromatique du vin. On laisse ce jus de raisin fermenter jusqu'à ce que sa teneur en alcool atteigne 7%. On ajoute alors une dose de brandy pour quatre doses de vin, ce qui arrête aussitôt la fermentation et permet de conserver une partie du sucre qui donne au porto sa douceur. Cépages, qualité des raisins, assemblages, mode et durée du vieillissement (en foudre, en fût ou en bouteille) déterminent les différents styles de portos.

lle se termine par la dégustation le 2 portos – généralement un ouge et un blanc. (916 113 451 ; www.calem.pt ; Av Diogo Leite 344 ; visite-légustation 12 € ; 10h-19h mai-oct, 0h-18h nov-avr)

Douro Azul

CROISIÈRE

9 PLAN P. 98, A1

Douro Azul est l'un des plus grands prestataires à proposer des croisières sur des barques inspirées des *barcos rabelos*, ces pittoresques bateaux à fond plat autrefois utilisés pour le transport du porto sur le Douro. La balade part, au moins toutes les heures en été, du Cais de Gaia et dure entre 45 et 55 minutes. Audioguides disponibles en français. (☎ 223 402 500 ; www.douroazul.com ; Cais de Gaia ; croisière des 6 ponts adulte/enfant 12/6 € ; ⌚9h30-18h)

eFun GPS Tours

CIRCUITS

10 PLAN P. 98, D2

Vous avez envie d'explorer Porto à pied ? Ou de vous aventurer plus loin en minivan ? eFun GPS Tours propose toutes sortes de circuits avec des guides avertis : promenades à pied dans le centre historique (3 heures, 19 €), circuit-dégustation de plats, de porto et d'huile d'olive (65 €), visite du patrimoine juif (39 €) aussi bien que des excursions à Braga, Guimarães et dans la vallée du Douro. Et aussi : location de vélo 5/8/15 € pour 2 heures/4 heures/24 heures. (☎ 220 923 270 ; www.efungpstours.com ; Rua Cândido dos Reis 55 ; ⌚10h-19h)

Kopke

VIN

11 PLAN P. 98, E2

Fondé en 1638, Kopke est la plus vieille enseigne de la colline, mais son chai n'est pas ouvert au public. Faites-y néanmoins halte pour savourer la douceur caramélisé d'un porto *tawny* bien vieilli. Le 10 ans d'âge est bon, le 20 ans d'âge extraordinaire. Les dégustations de porto peuvent s'accompagner de celles de chocolats Arcádia ou d'huile d'olive bio. (☎ 223 746 660 ; www.sogevinus.com ; Av Diogo Leite 312 ; dégustation à partir de 2 € le verre ; ⌚10h-19h mai-oct, 10h-18h nov-avr)

Croft

VIN

12 PLAN P. 98, C3

Célèbre depuis 1588, la maison Croft, perchée sur la colline, abrite une salle de dégustation rustique, avec pavés et poutres, ouvrant sur une terrasse agrémentée d'une fontaine. La visite des chais inclut la dégustation de trois portos (un rosé, une réserve et un *old tawny* de 10 ans d'âge (www.croftport.com ; Rua Barão de Forrester 412 ; visite-dégustation 10 € ; ⌚10h-18h)

Ramos Pinto

VIN

13 PLAN P. 98, C2

Sur les quais, cette assez grande maison propose la visite de ses bureaux historiques et des caves où vieillit le porto. Assez sommaire mais disponible en français, la visite dure 40 minutes, musée compris, et se termine par la généreuse dégustation de 5 portos. Circuits en plusieurs langues. (☎ 223 707 000 ; www.facebook.com/Ramos.Pinto.Port.Douro.Wine ; Av Ramos Pinto 400 ; visite-dégustation 10 € ; ⌚10h-18h mai-oct, horaires réduits nov-avr)

Ferreira

VIN

14 PLAN P. 98, A2

Ferreira est le seul chai qui soit toujours resté entre les mains le Portugais, et ce depuis 1751. La visite classique s'achève par la dégustation de 2 portos, la plus chère (40 €) est couronnée par la dégustation de portos vintage. Jetez un coup d'œil à la salle des azulejos et au musée pour la présentation de la famille fondatrice. (223 746 106 ; ng.sograpevinhos.com ; Av Ramos Pinto 70 ; visites et dégusations 12-40 € ; 10h-18h mars-oct, 10h-12h30 et 14h-18h nov-fev)

Be My Guest CIRCUITS À PIED

Pour connaître Porto, inscrivez-vous à l'un des formidables circuits pédestres thématiques de Be My Guest. Conduits par deux guides passionnés, Nuno et Fred, vous partirez à la découverte des azulejos, de l'architecture Belle Époque et de l'art urbain. Également des ateliers cuisine (4 heures, 35 €) et des circuits-dégustation de vins (25 €). Lieux de rendez-vous variables. Réservez. (938 417 850 ; www.bemyguestinporto.com ; visites de 3 h 20 €)

Se restaurer

Dourum PORTUGAIS €

5 PLAN P. 98, E1

Salle cosy aux murs en pierre apparente ou petite terrasse face au fleuve ? Les deux ont leur attrait dans ce bistrot tout proche du pont Dom Luís I. Le personnel, sympathique, saura vous conseiller les portos ou les vins pour accompagner planches de fromages et de jambons portugais ou plats. (220 917 911 ; www.dourum.pt ; Av Diogo Leite 454 ; plats 8,50-14,50 € ; 12h-23h)

Au bord du fleuve

Marché alimentaire couvert, le **Mercado Beira-Rio** (Plan p. 98, C2 ; www.mercadobeirario.pt ; Av Ramos Pinto 148 ; 10h-minuit dim-mer, 10h-2h jeu-sam) est une belle addition aux berges de Gaia. Il réunit des stands indépendants où trouver de délicieux sandwichs au porc rôti, des assiettes de fromage, des pâtiseries et des glaces, sans oublier de bons vins et du porto. Les tables communes bourdonnent d'animation à l'heure du déjeuner.

Gelateria Porto Cruz GLACE €

16 PLAN P. 98, D2

Tenté par une glace au porto ? On prend un cornet et on le déguste en flânant sur les berges du fleuve. (Av Diogo Leite 154 ; glace 2,50-4,50 € ; 12h30-20h mar-dim ;)

Taberninha Do Manel PORTUGAIS €€

17 PLAN P. 98, E2

Un service super-aimable, une belle vue sur la Ribeira, sur l'autre rive du Douro et, à la carte, un immense choix de classiques portugais bien cuisinés – porc ibérique, *petiscos*, *bacalhau* préparé de diverses façons. L'intérieur rustique

Les différents types de portos

Ruby Élevé au moins 2 ans en foudre (tonneau de très grande capacité) ; riche teinte rubis, saveur fruitée et ample. Se marie bien avec du fromage ou des desserts au chocolat.

White port Issu de cépages blancs. Élevé 2-3 ans en foudre. Servir frais ou mélangé avec un tonic pour un apéritif rafraîchissant.

Tawny Élevé 2 à 7 ans en fûts de chêne ; teinte ambrée, moelleux avec des arômes noisettés et caramélisés.

Aged Tawny Issu de cépages de meilleure qualité et élevé des années en fûts de bois. Plus intense et plus subtil que les *tawnys* ordinaires. Parfait en apéritif ou avec des desserts aux fruits, des fromages et des pâtés.

Vintage Issu des meilleurs fruits d'une seule et même année exceptionnelle (seules certaines années sont déclarées vintage). Vieilli en foudre pendant 2 ans, puis en bouteilles pendant au moins 10 ans (et jusqu'à 100 ans ou plus). Très puissant, structuré et complexe. À savourer avec des fromages bleus.

Late-bottled vintage (LBV) Issu des meilleurs fruits d'une seule année. Élevé environ 5 ans en foudre avant d'être mis en bouteilles. Ressemble au vintage, mais est prêt à être bu dès sa mise en bouteilles et a généralement moins de corps.

déborde d'objets comme sortis d'un grenier de grand-mère et dès qu'il fait beau les tables s'étalent sur le trottoir. (223 753 549 ; www.taberninhadomanel.comportugal.com ; Av Diogo Leite 308 ; plats 11-18 € ; 11h-minuit mar-dim)

De Castro Gaia INTERNATIONAL €€

Béton ciré, lattes de bois et lignes épurées donnent au restaurant de l'Espaço Porto Cruz (voir 2 Plan p. 98, D2) une allure contemporaine. La carte propose des portos et des vins à prix raisonnables pour accompagner les *petiscos* ou les plats tels que le riz au poulpe ou les joues de porc au vin rouge et cumin. Superbe vue, par-delà le Douro, sur les maisons du vieux Porto étagées à flanc de colline. (910 553 559 ; www.myportocruz.com ; Largo Miguel Bombarda 23 , Espaço Porto Cruz ; petiscos 5-10 €, plats 10-16,50 € ; 12h30-15h et 19h30-23h mar-sam, 12h30-15h dim)

Yeatman GASTRONOMIE €€€

18 PLAN P. 98, D4

Service impeccable, cadre raffiné, vue grandiose sur le fleuve et la ville : le restaurant, étoilé au

Michelin, du Yeatman Hotel a beaucoup de classe. Son chef, Ricardo Costa, met sa créativité au service d'ingrédients de saison tels le homard ou le faisan – tous cuits à la perfection et accompagnés de vins puisés dans la cave, l'une des meilleures du pays, qui compte un millier de bouteilles. (220 133 100 ; www.the-yeatman-hotel.com ; Rua do Choupelo 88, Yeatman Hotel ; menus dégustations 140-160 €, avec vins assortis 60-70 € ; 19h30-23h)

Vinum

PORTUGAIS **€€€**

19 PLAN P. 98, A1

Vinum conjugue le charme d'un chai du XIXe siècle et une déco contemporaine. Installez-vous dans la salle aux poutres de pin, avec vue sur les fûts où vieillit le porto, ou dans la véranda sur le toit-terrasse. Parmi les spécialités au menu figurent un ceviche "vert" dont le poisson tout frais provient du marché de Matosinhos et du bœuf séché des Trás-os-Montes. En complément, une superbe sélection de vins et de portos. (220 930 417 ; www.vinumatgrahams.com ; Rua do Agro 141, Graham's Port Lodge ; plats 18-29 €, menus 50-90 € ; 12h30-16h et 19h-23h)

The Blini

GASTRONOMIE **€€€**

20 PLAN P. 98, E3

Installé dans un bâtiment cubique tout entouré de baies, au-dessus d'une maison historique de Gaia, ce nouveau restaurant chic, sous l'égide du célèbre chef portugais José Cordeiro, offre une vue panoramique sur tout le vieux

Vinum

Porto. Une suggestion ? Des blinis au caviar pour commencer puis quelques spécialités de la mer comme les huitres fraîches au beurre citronné et à la criste marine ou le poulpe mitonné au vin rouge accompagné d'une purée de navets. (☎224 055 306 ; theblini.com ; Rua do General Torres 344 ; menus 60-90 € ; ⊙17h-minuit lun, 12h-15h et 17h-minuit mar-sam)

Prendre un verre

7G Roaster CAFÉ

21 PLAN P. 98, D2

Les baristas savent vraiment ce qu'ils font dans ce café-torrefacteur au cadre cool pour déguster un expresso préparé à la perfection ou pour un brunch (12 €). Asseyez-vous en terrasse pour contempler le jardin vertical. (www.facebook.com/7groaster ; Rua de França 26 ; ⊙10h-19h)

360° Terrace Lounge BAR À VINS

La terrasse sur le toit de l'Espaço Porto Cruz (voir 2 Plan p. 98, D2) offre une vue panoramique sur la ville et les deux rives du Douro jusqu'à son débouché dans la mer qui se perd dans la brume. C'est l'un des endroits les plus fabuleux pour contempler le coucher du soleil en sirotant un porto ou un cocktail. (www.myportocruz.com ; Largo Miguel Bombarda 23, Espaço Porto Cruz ; ⊙12h30-0h30 mar-jeu, 12h30 1h30 ven-sam, 12h30-19h dim)

Esplanada do Teleférico BAR

Perché sur la colline, juste au-dessus du Teleférico (voir 4 Plan p. 98, E2), ce bar s'ouvre sur une vue extraordinaire englobant le pont Dom Luís I et la Ribeira, de l'autre côté du fleuve. L'endroit est très agréable pour prendre un café, une bière ou un en-cas (2,50-8 €), en particulier au coucher du soleil. (www.facebook.com/esplanadateleferico ; Rua Rocha Leão ; ⊙10h-19h)

Dick's Bar BAR À VINS

Canapés propices aux conversations intimes, musique live entre 21h30 et minuit du jeudi au samedi, accès à l'une des meilleures caves du Portugal, l'élégant bar du Yeatman (voir 18 Plan p. 98, D4) donne une impression de club privé. Allez sur sa terrasse pour déguster un verre de vieux *tawny* ou un rouge du Douro au moment où les lumières du centre historique de Porto se mettent à scintiller sur l'autre rive du fleuve. (www.the-yeatman-hotel.com ; Rua do Choupelo 88, Yeatman Hotel ; ⊙9h-1h dim-jeu, 9h-2h30 ven-sam)

Sortir

Fado in Porto FADO

Si Lisbonne et Coimbra sont les patries du fado, cette musique mélancolique accompagnée à la guitare portugaise, on peut cependant entendre d'assez bonnes interprétations autour d'un verre de porto dans les chais de

Les chais de Gaia

Depuis le milieu du XVIIIe siècle, les "chais" (plutôt de simples entrepôts à l'époque) dans lesquels s'effectuent la mise en bouteille et le stockage sont cantonnés à Vila Nova de Gaia. Aujourd'hui, une soixantaine de maisons de porto étagent leurs chais sur cette rive escarpée. La nuit, quand s'allument leurs immenses enseignes en néon destinées à capter l'attention des œnophiles, la colline prend des airs de Las Vegas.

Ces caves à vin constituent aujourd'hui la plus célèbre attraction de Porto, alors même que cette enclave ne fait pas vraiment partie de la ville. Vila Nova de Gaia est une municipalité totalement distincte qui mène, sur l'autre rive, ses propres affaires.

Plus d'une vingtaine de chais sont ouverts à la visite et à la dégustation en semaine et le samedi. En haute saison (juin-septembre), les plus grands accueillent des visiteurs à longueur de journée, si bien qu'on n'attend pas plus de 15 minutes pour rejoindre une visite. À d'autres périodes, ils peuvent vous accueillir plus ou moins rapidement.

Cálem (voir 8 Plan p. 98, E2) presque tous les soirs. (223 746 660 ; fadoinporto.com ; Av Diogo Leite 344 ; couvert 21 € ; 18h30 mar-dim avr-oct, 18h mar-dim nov-mars)

Shopping

Porto Wine House

ALIMENTATION ET BOISSONS

22 PLAN P. 98, D2

Vous pourrez faire provision ici d'excellents portos blancs, rouge et *tawnies* ainsi que de *conservas* (poissons en conserve) et autres délices. Expéditions dans le monde entier. (www.portowinehouse.com ; Rua Cândido dos Reis 4-10 ; 9h-20h)

Casa do Galo

CADEAUX

23 PLAN P. 98, D2

Du plus kitsch au plus élégant, on trouve ici toutes sortes d'articles portugais : *galo de Barcelos* (coq), céramiques, textiles (dentelles et *lenço dos namorado*, le "mouchoir des amoureux"), articles en liège mais aussi miel, confitures, poissons en boîte rétro et, naturellement, du porto. (www.acasadogalo.com ; Av Diogo Leite 50 ; 10h30-20h30)

Afurada

Ce joli village de pêcheurs sur les rives du Douro a su garder de charmantes distances avec la modernité : le bac en bois grinçant que l'on prend pour y aller est déjà un voyage, sur le fleuve et dans le temps. Afurada se fait festif l'été en accueillant deux grandes fêtes incontournables, la Festa de São Pedro da Afurada (fin juin) et le festival de musique, MEO Marés Vivas (maresvivas.meo.pt, fin juillet).

Comment y aller

Un ferry traverse le Douro au départ du Cais do Ouro (près du pont d'Arrábida) : départ toutes les 15 minutes de 7h à 21h, aller simple 1,50 €.

❶ Balade au bord de l'eau

Mouettes hurlant, linge qui sèche dans la brise et pêcheurs s'affairant sur leurs filets, l'appel de la mer est palpable ici. Au bord de l'eau, vous découvrirez un visage de Porto loin du tourisme et un panorama dégagé sur Foz do Douro, en face, et à l'horizon, le vaste Atlantique.

❷ Rendez-vous à la criée

Levez-vous dès potron-minet pour profiter de l'ambiance fiévreuse du petit **Mercado da Afurada** (Rua da Praia) : les pêcheurs y vendent sardines et autre fretin de l'Atlantique.

❸ La lessive à l'ancienne

Le lave-linge a beau avoir sa place dans tous les foyers, certaines maîtresses de maison du coin ne rompraient pour rien au monde avec le rituel du **lavadouro público** (lavoir public ; Rua da Praia) : autour des grands bassins de pierre, on se retrouve pour laver son linge à l'huile de coude et bavarder dans une ambiance qui fleure bon le savon.

❹ La mer à table

Du fado en fond sonore, des azulejos aux murs, des bambins qui cavalent dans la salle à manger de savoureuses sardines (et autres poissons frais) sur les grils à l'extérieur : c'est ça la **Taberna de São Pedro** (☎912 477 659, 986 732 466 ; Rua Costa Goodolfim 84 ; plats 10-15 € ; ⏲10h-16h et 19h-23h lun-sam, 10h-16h dim). Ce restaurant de produits de la mer, toujours bondé, est à une rue de l'embarcadère du ferry.

❺ Marina chic

Les architectes Barbosa & Guimarães ont marqué de leur empreinte la **Douro Marina** (www.douromarina.com ; Rua da Praia ; ⏲8h30-20h) : le bâtiment central du port de plaisance, tout de verre et d'acier, est inspiré du mât et des voiles d'un navire. Sur place, une école de voile, des boutiques, des cafés et un loueur de vélos.

❻ Une plage de calme

Il n'y a pas meilleur antidote à la frénésie urbaine qu'une promenade sur la **Praia do Cabedelo do Douro**, que bordent les dunes de la Reserva Natural do Estuário do Douro. C'est un havre de paix où s'étendre sur le sable et contempler le sac et le ressac de l'océan Atlantique – un beau spectacle dans la lumière rosée du crépuscule.

❼ Dîner avec vue

De retour à Afurada, allez dîner au bord du fleuve au **A Margem** (☎227 724 788 ; Rua Agostinho Albano 18; plats 19-26 €; ⏲11h-15h et 19h-22h lun-sam, 11h-15h dim), une adresse très courue pour la fraîcheur incomparable de ses poissons et pour la vue sublime sur le pont d'Arrábida depuis ses immenses baies vitrées.

CATRAIOS do DOURO

Explorer Massarelos

Lové entre Miragaia et le fleuve, ce quartier méconnu ne manque pourtant pas d'atouts avec ses panoramas rafraîchissant et ses musées intimistes. Suspendez le temps lors d'une balade dans le plus ravissant jardin de Porto ou dans l'un des intéressants musées du quartier.

Faites une marche vivifiante le long du fleuve, en admirant au passage l'Igreja do Corpo Santo de Massarelos (p. 117), du XVIIIe siècle. Grimpez ensuite vous promener dans les Jardins do Palácio de Cristal (p. 112), où les espèces botaniques prospèrent et où les miradouros (belvédères) ménagent de beaux points de vue sur la ville. Puis, faites un tour au Museu Romântico (p. 117) installé dans ce qui fut la résidence d'un roi sarde en exil.

Après un déjeuner sans chichis à la Taberna Cais das Pedras (p. 118), visitez le Museu do Carro Eléctrico (p. 117) et ses tramways anciens ou faites preuve d'audace en escaladant le pont Arrábida (p. 117) avec Porto Bridge Climb (p. 118).

En fin de journée, profitez du coucher du soleil depuis le toit-terrasse du Miradouro Ignez (p. 120).

Comment s'y rendre et circuler

Tramway Sur leur trajet entre le centre historique et Foz do Douro, les voitures vintage de la ligne 1 (Infante-Passeio Alegre) s'arrêtent à Massarelos.

Bus Parmi les lignes pratiques, pensez aux bus n°200 (Bolhão-Foz) et n°201 (Aliados-Viso), qui s'arrêtent au Jardins do Palácio de Cristal. Le bus de nuit n°1M au départ d'Aliados dessert Massarelos.

Plan de Massarelos p. 116

Ponte da Arrábida (p. 117)

Les incontournables

Jardins do Palácio de Cristal

Surplombant la ville, ces magnifiques jardins botaniques sont une oasis de calme et de verdure : des allées ombragées y longent des pelouses jalonnées de fontaines et de sculptures tandis que dans l'air bruissent les feuilles des magnolias, des camélias, des cyprès et des oliviers. C'est un patchwork de jardins qui se révèlent au fil de la promenade, tout comme les panoramas sur la ville.

PLAN P. 116, D2

Rua Dom Manuel II

8h-21h avr-sept, 8h-19h oct mars

Les jardins

Ce bel espace conçu au XIXe siècle par le paysagiste allemand Émile David plaît aussi bien aux amoureux qu'aux familles, aux joggeurs qu'aux photographes amateurs. Le flâneur y dénichera aussi des petits bois et des aires de pique-nique, une roseraie et un jardin aromatique, des haies et des parterres. Le Jardim dos Sentimentos (jardin des Sentiments) renferme une belle sculpture d'António Teixeira Lopes, intitulée *Dor* (Douleur).

Les miradouros

La lisière sud du parc offre depuis plusieurs belvédères de beaux points de vue sur la ville, sur le pont Dom Luís I qui enjambe le Douro, sur le centre historique et sur les chais de porto, à flanc de coteau, de Vila Nova de Gaia.

Museu Romântico

Sur les versants sud du jardin, cette petite demeure fut la résidence du roi de Sardaigne en exil jusqu'à ses derniers jours, en 1843. C'est aujourd'hui un musée (infos pratiques p. 117) dont les élégants salons donnent à voir des effets personnels du souverain, des tableaux et du mobilier d'époque.

Avenida das Tílias

L'avenue des Tilleuls, bien ombragée, est un point de repère bien commode dans les jardins.

Pavilhão Rosa Mota

Cet étonnant pavillon à coupole fut construit en 1956 pour succéder au Palácio de Cristal (palais de Cristal) d'origine. Regroupant une médiathèque, un auditorium et un café, il accueille des manifestations sportives, des expos et des spectacles de théâtre et de musique.

★ À savoir

- C'est au début du printemps, quand tout fleurit, que les jardins sont au summum de leur beauté.
- Allez-y au crépuscule, quand le ciel s'enflamme sur Porto et que, de l'autre côté du fleuve, les chais de porto s'illuminent.
- La visite du Museu Romântico est gratuite avec la Porto Card.

Une petite soif ?

Dans les jardins, le **kiosque** (mêmes horaires que les jardins) est un bon endroit pour se désaltérer et, peut-être, voir passer l'un des paons à demeure.

Les gourmets n'auront pas loin à aller pour un déjeuner d'exception à l'Antiqvvm (p. 120), un restaurant étoilé au Michelin.

Promenade à pied

Rua Miguel Bombarda, l'artère arty

Porto déborde d'une créativité et d'une énergie nouvelles : c'est particulièrement palpable Rua Miguel Bombarda et alentour, où explose le street art. *Galeries d'art, boutiques et cafés révèlent un visage de la ville plus urbain et plus pointu. Si vous voulez prendre le pouls du Porto arty du XXI*e *siècle, c'est ici.*

Itinéraire

Départ Galeria São Mamede

Arrivée Capela Incomum

Distance et durée 900 m ; 2-3 heures selon les arrêts

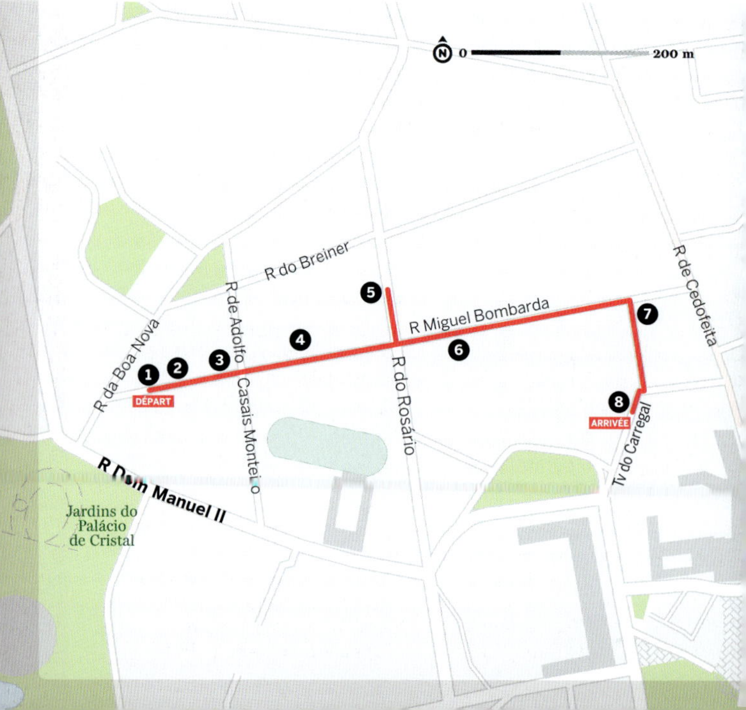

❶ L'art dès le matin

Musardez dans les galeries d'art de la Rua Miguel Bombarda. La plus en vue est la **Galeria São Mamede** (www.saomamede.com ; 14h-20h mar-ven, 15h-20h sam), au n°624 : on peut y voir des expos temporaires, dont récemment des œuvres du sculpteur portugais contemporain Paulo Neves. Jetez aussi un coup d'œil au n° 570, à la **Galeria Presença** (www.galeriapresenca.pt ; 10h-12h30 et 15h-19h lun-ven, 15h-19h sam), dédiée à l'art moderne.

❷ Burgers arty

L'esprit de créativité souffle ici jusque sur les burgers du **BUGO** (226 062 179 ; www.bugo.com.pt ; burgers 8-13,50 € ; 12h-15h et 19h30-23h lun-jeu, 12h-15h et 19h30-minuit ven, 12h-16h et 19h30-minuit sam), au n°598. Le cadre est lumineux et les burgers gourmets se déclinent du Black Angus jusqu'au végétarien.

❸ La crème de l'art portugais

Une des premières galeries de la Rua Miguel Bombarda, la **Galeria Fernando Santos** (www.galeriafernandosantos.com ; 15h-19h30 lun et sam, 10h-12h30 et 15h-19h30 mar-ven), au n°526, reste toujours l'une des meilleures. Vitrine de l'art contemporain portugais, elle met en valeur des artistes établis ou émergents. On y a vu exposées des sculptures abstraites de Pedro Valdez Cardoso et des peintures du très renommé Pedro Cabrita Reis.

❹ Pépites artistiques

Cruzes Canhoto (223 197 406 ; www.cruzescanhoto.com ; 10h-20h), au n°452, met l'accent sur l'art brut, l'art premier et l'art populaire. Peintures et sculptures portent souvent la marque d'artistes autodidactes.

❺ Boutique-galerie

Boutique-galerie indépendante, **CRU** (www.cru-cowork.com ; Rua do Rosário 211 ; 10h-20h lun-ven, 14h-20h sam) se veut la vitrine d'artistes et de designers portugais novateurs dans de très nombreux domaines, aussi bien la mode que la céramique ou les accessoires.

❻ Galerie comerciale

Au n°285, le **CC Bombarda** (12h-20h lun-sam), "centre" commercial branché, réunit sous un même toit créateurs de mode de Porto, cosmétiques bio, bijouterie...

❼ Illustrations

Terminez votre tournée des galeries dans le monde de l'illustration – majoritairement portugaise – au n°61 à l'**Ó! Galeria** (www.ogaleria.com ; 12h-20h lun-sam). Les œuvres partagent les lieux avec une jolie sélection de T-shirts, de livres et de cartes postales.

❽ Vin sacré

Dégustez un verre de vin rouge du Douro dans une chapelle transformée en bar tendance, la **Capela Incomum** (p. 92).

A
B
C
D
E
F
1
2
3
4
0
400 m
Porto Bridge Climb
1 Ponte da Arrábida
9
10
17
R do Bicalno
R de Ouro
Alameda Basílio Teles
Museu do Carro Eléctrico
6
12
R Fonte de Massarelos
Porto Sky Experience
7
Rio Douro
18
R da Restauração
Igreja do Corpo Santo de Massarelos
2
13
14
8
Cais das Pedras
R DomPedroV
R dosMoinhos
MASSARELOS
R Entre Quintas
15
5 Museu Romântico
R de Vilar
R da Piedade
Praça da Galiza
Jardins do Palácio de Cristal
R Jorge de Viterbo Ferreira
16
R de Monchique
11
R da Boa Nova
R de Adolfo Casais Monteiro
R do Breiner
R Miguel Bombarda
R do Rosário
R Dom Manuel II
R Alberto A Gouveia
R da Restauração
R da Bandeirinha
Largo da Alfândega
R de Miragaia
R Nova da Alfândega
World of Discoveries
4
R Armazéns
3
Look at Porto
Nos adresses
Les incontournables p. 112
Voir p. 117
Se restaurer p. 118
Prendre un verre p. 120
Shopping p. 121

Voir

Ponte da Arrábida PONT

1 PLAN P. 116, A2

Lançant son arche unique sur 270 m au-dessus du Douro pour relier Porto à Vila Nova de Gaia, ce pont imposant est l'œuvre de l'ingénieur portugais Edgar Cardoso. À sa construction en 1963, c'était le plus long pont de béton au monde. Escaladez-le (p. 118), si vous l'osez, pour une vue à couper le souffle sur le fleuve et la ville.

Igreja do Corpo Santo de Massarelos ÉGLISE

2 PLAN P. 116, B3

Élevant sa façade d'azulejos bleu et blanc au-dessus du fleuve cette église fut érigée en 1776 sur le site d'une chapelle fondée en 1394 par la confrérie des Almas do Corpo Santo de Massarelos : le prince Henri le Navigateur, qui fut l'un des membres de cette confrérie de marins, est représenté sur les azulejos. (église du Corps-Saint de Massarelos ; Largo do Adro ; 19h-20h mar, 15h-20h sam)

Look at Porto VISITE VIRTUELLE

3 PLAN P. 116, F4

Une attraction pour tous les sens qui fait la joie des enfants : ce nouveau cinéma en 5D vous entraîne dans un vol virtuel au dessus de Porto, en vous révélant des angles imprenables de la ville, le tout assorti d'effets spéciaux (mouvements des sièges, aspersion d'eau, diffusion d'arômes...). (www.lookatporto.pt ; Rua da Atafona/Rua da Ancira 6-8 ; adulte/enfant 8/6 € ; 10h-20h mars-oct, 10h-19h nov-fev ;)

World of Discoveries PARC DE LOISIRS

4 PLAN P. 116, E4

Valeur sûre auprès des enfants – mais un peu cher–, ce musée interactif vous catapulte au temps des découvertes, lorsqu'aux XIVe-XVIe siècles les Portugais dominaient les océans et colonisaient à tour de caravelle. Des technologies de pointe et un circuit en bateau digne d'un vrai parc à thème recréent les aventures des intrépides navigateurs d'antan. (www.worldofdiscoveries.com ; Rua de Miragaia 106 ; adulte/enfant 14/8 € ; 10h-20h lun-ven, 10h-19h sam-dim ;)

Museu Romântico MUSÉE

5 PLAN P. 116, C2

Rouverte en 2018 après une importante rénovation, la demeure a été transformée en un plaisant musée. Pour plus d'informations voir Jardim du Palácio de cristal (p. 112) où il se situe. (Macieirinha ; Rua de Entre Quintas 220 ; tarif plein/réduit 2,20 €/gratuit ; 10h-17h30 mar-dim)

Museu do Carro Eléctrico MUSÉE

6 PLAN P. 116, B2

Dans la belle architecture d'un ancien poste d'aiguillage, ce musée enchantera ceux que les tramways

Sensations fortes

Porto possède plusieurs ponts magnifiques. Si le pont Dom Luís I (dont le style rappelle la tour Eiffel) est le plus célèbre, le pont Arrábida (voir p. 117) est lui aussi une merveille. Tant pour la vue que pour l'adrénaline, vous pouvez vous harnacher et escalader sa structure de 65 m de hauteur avec **Porto Bridge Climb** (Plan p. 116, A2 ; ✆929 207 117 ; www.portobridgeclimb.com ; Rua do Ouro 680 ; adulte à partir de 12,50 € ; ⏲14h15-coucher du soleil)

fascinent, avec des dizaines d'engins magnifiquement restaurés – des premiers modèles tractés par des mules dans les années 1870 à la ligne épurée des wagons jaunes des années 1930. (Musée du Tramway ; www.museudocarroelectrico.pt ; Alameda Basílio Teles 51 ; adulte/enfant 8/4 € ; ⏲14h-18h lun, 10h-18h mar-dim)

Porto Sky Experience

SURVOL EN HÉLICOPTÈRE

7 PLAN P. 116, B3

Un tour en hélicoptère de 10, 15 ou 20 minutes où l'on survole notamment la Torre dos Clérigos, le pont de Dom Luís I et les plages de Porto avant de revenir se poser sur l'héliport qui surplombe le fleuve. (Porto & Douro Experiences – Helitours ; ✆225 432 464 ; www.portoandlisbon.pt/porto/helitours ; Alameda Basílio Teles ; à partir de 150 € ; ⏲9h-13h et 14h30-18h)

Se restaurer

Taberna Cais das Pedras

PORTUGAIS €

8 PLAN P. 116, C3

Accueil chaleureux, nappes à carreaux et parquet, rien ne manque à l'image typique de la taverne. Également au rendez-vous, un choix appétissant de *petiscos*, dont des palourdes, du *chouriço* grillé, des *pataniscas* (galettes de morue) et de la *feijoada*, tous à petit prix. Il est d'usage de partager. (✆913 164 584 ; Rua Monchique 65 ; petiscos 2,50-5 € ; ⏲14h-2h mar-dim)

Casa d'Oro

PIZZAS €

9 PLAN P. 116, A2

Pour la vue sur le pont Arrábida illuminé, il n'y a pas mieux que ce restaurant tout en béton et verre suspendu au dessus du Douro. De son four en terre sortent des pizzas honnêtes, dont la *diavola* (salami piquant et origan), la *Vesuvio* (saucisse et brocolis), et la *fichi e prosciutto* (figues et jambon cru). (✆226 106 012 ; Rua do Ouro 797 ; pizzas 8-14 € ; ⏲12h30-15h et 20h-23h lun-jeu, 12h30-minuit ven-dim)

Caseirinho

PORTUGAIS €

Un vrai repaire d'habitués, Caseirinho (voir 2 Plan p. 116, B3) est prisé pour son excellent rapport qualité/prix et sa cuisine authentique, tels l'*arroz de marisco* (riz aux fruits de mer), les poissons frais ou les fameuses *tripas à moda do Porto* (sorte de cassoulet aux tripes, spécialité de Porto). Il se peut qu'il y ait de l'attente. (226 066 222 ; Cais das Pedras 40 ; déjeuner 7,50 €, plats 5-12 € ; 12h-15h et 19h-22h lun-sam)

O Antigo Carteiro

PORTUGAIS **€€**

10 PLAN P. 116, A2

Rendez-vous dans cet ancien bureau de poste, caché dans une petite rue en retrait du fleuve, pour un repas portugais comme à la maison, mais avec une touche de modernité. Le personnel attentif et savant sait trouver le vin idéal pour accompagner le poulpe à l'ail, le filet de porc ou le *bacalhau com broa* (gratin de morue avec chapelure de maïs). (937 317 523 ; www.facebook.com/oantigocarteiro ; Rua Senhor da Boa Morte 55 ; plats 14-19 € ; 12h-23h mar-sam ;)

Papavinhos

PORTUGAIS **€€**

11 PLAN P. 116, D4

Dans cette taverne familiale sans chichis, on vous accueille chaleureusement et on vous sert une cuisine maison en portions généreuses. Le soir, demandez une table près des fenêtres surplombant le fleuve scintillant pour goûter à des classiques comme les palourdes à l'ail ou le *bacalhau com broa* (gratin de morue avec chapelure de maïs) accompagnés d'un verre du vin blanc du patron. (222 000 204 ; Rua de Monchique 23 ; plats 10-27,50 € ; 12h-15h et 19h-23h mar-dim)

33 Alameda

MÉDITERRANÉEN **€€**

12 PLAN P. 116, B3

Intégré à l'élégant hôtel **Vincci Porto** (220 439 620 ; en.vincciporto.com ; Alameda de Basílio Teles 29 ; d 106-253 €, tr 151-296 €, ste 156-288 € ; P), aménagé dans l'ancienne Bolsa do Pescado (marché aux poissons), ce restaurant d'une belle hauteur sous plafond et à l'éclairage étonnant, offre un cadre de caractère pour une cuisine méditerranéenne et portugaise revisitée. Après une *alheira* (saucisse portugaise) accompagnée de glace au poivre en prélude, on passera à un plat principal bien exécuté tel que de l'*açorda* (ragoût au pain) de merlu à la tomate et à la coriandre. Le menu déjeuner (3 plats) à 11 € est une affaire. (220 439 620 ; plats 14-18 € ; 12h30-15h et 19h30-23h)

Gull

JAPONAIS, SUSHIS **€€**

13 PLAN P. 116, C3

Ce bar à sushis au cadre épuré, à l'éclairage tamisé et orné d'œuvres d'art audacieuses, ouvre aussi sur une terrasse avec vue sur le Douro. Le chef découpe avec art et à la minute ses sushis et ceviche, et l'ambiance devient plus festive à mesure que la soirée avance. (914 300 038 ; www.gull.pt ; Cais das Pedras 15 ; déjeuner sushi 13-16 €, ensemble de sushis 19-65 € ; 12h-15h et 20h-23h lun-jeu, 12h-15h et 20h-minuit ven, 13h-16h et 20h-minuit sam, 13h-16h et 20h-23h dim)

Un délicieux stratagème

Vous la trouverez dans bien des restaurants de Porto : l'*alheira* est une saucisse généreuse, qu'elle soit servie cuite à l'eau avec du chou et des pommes de terre, ou bien grillée, comme c'est le plus souvent le cas, pour accompagner un œuf au plat et des frites. Tirant son nom de l'*alho* (ail) qui entre souvent dans sa composition, aux côtés du paprika, c'est une charcuterie fumée et parfumée à la chair fondante.

Et l'*alheira* est aussi riche en calories qu'en histoire. Elle fut inventée sous l'Inquisition (1536-1821) par les Juifs portugais, alors forcés à se convertir au christianisme. Les récalcitrants étant souvent repérés au fait qu'ils n'allaient pas suspendre de saucisses dans les *fumeiros* (fumoirs), ils inventèrent une délicieuse saucisse sans porc : mélange de lait et de poulet, de canard, de lapin, de gibier, de caille ou de veau, l'*alheira* était née. De nos jours, l'*alheira* contient souvent du porc, mais certaines restent fidèles à la recette originale.

Monchique PORTUGAIS €€

14 PLAN P. 116, C3

Ce restaurant au bord de l'eau offre un cadre cosy avec arches de pierre, tableaux aux murs et bougies, où déguster *petiscos*, produits de la mer et recettes portugaises traditionnelles. Quand la nuit tombe, il se transforme en bar, et des concerts éclectiques (du fado au jazz) sont souvent programmés le week-end. (926 714 127 ; Cais das Pedras 5 ; petiscos 2-9,50 €, plats 7,50-15 € ; 19h30-2h)

Antiqvvm GASTRONOMIE €€€

15 PLAN P. 116, C2

Quel délice, ce restaurant étoilé au Michelin, niché à l'écart, sous les arcades en pierre de la Quinta da Macieirinha du XIXe siècle, avec une vue superbe sur Porto depuis la terrasse verdoyante ! Vítor Matos qui règne sur la cuisine joue avec art et subtilité des meilleurs ingrédients pour composer ses plats tels que bœuf Wagyu à la truffe ou bar aux algues et au safran des Açores. Parfait pour une grande occasion ! (226 000 445, 912 024 754 ; antiqvvm.pt ; Rua de Entre Quintas 220 ; menus 25-120 € ; 12h-minuit mar-sam, 12h-15h dim)

Prendre un verre

Miradouro Ignez BAR SUR LE TOIT-TERRASSE

16 PLAN P. 116, D3

Relativement récent, ce bar en terrasse sur le toit, offrant une vue magnifique sur le fleuve et Vila Nova de Gaia sur l'autre rive, est vite devenu l'un des repaires les plus branchés de Massarelos. Une adresse très cool pour un smoothie

Alheira, la saucisse traditionnel

ou au coucher du soleil. (www.facebook.com/miradouroignez ; Rua da Restauração 252 ; 10h-minuit lun-jeu, 10h-2h ven-sam, 10h-21h dim)

Shopping

Monseo

BIJOUX

17 PLAN P. 116, A2

Cette boutique aux éclairages savants sert d'écrin à des bijoux uniques, de conception portugaise, souvent incrustés de pierres précieuses ou ornés de motifs traditionnels. (www.monseo.com ; Rua do Ouro 120 ; 10h30-13h30 et 15h-19h lun-ven)

Kubik Gallery

ART

18 PLAN P. 116, B3

Découvrez la scène artistique locale dans cette galerie contemporaine. Elle consacre des expositions à des artistes montants portugais, mais aussi étrangers. (www.kubikgallery.com ; Rua da Restauração 6 ; 15h-19h30 mar-sam)

MAISON Café

Explorer
Boavista

La plus longue avenue de la ville, l'Avenida da Boavista, traverse le quartier du même nom réputé pour ses bars sur le toit, ses boutiques-hôtels et ses architectures iconiques d'Álvaro Siza Vieira et Eduardo Souto de Moura.

Toutefois, l'un des bâtiments les plus fascinants de Porto est la Casa da Música (p. 124), à l'architecture d'avant-garde, conçue par Rem Koolhaas. Ne manquez pas de suivre la visite guidée. En face, le Jardim da Boavista (p. 128) occupe le centre d'un rond-point à l'intense circulation tandis que, non loin, le Mercado Bom Sucesso (p. 130) attire les Tripeiros *affamés. Faites comme eux ou allez bruncher créatif à l'Urban Cicle Café (p. 128).*

Prenez vers l'ouest pour rejoindre la Sinagoga Kadoorie (p. 127), la plus grande synagogue du Portugal, et le Jardim Botânico do Porto (p. 127) ponctué de lacs.

En soirée, allez écouter un concert à la Casa da Música (p. 124) et contempler la vue depuis depuis son bar sur le toit (p. 132).

Comment s'y rendre et circuler

M **Métro** Cinq des six lignes de métro de Porto s'arrêtent à la station Casa da Música, au centre du quartier à explorer.

Bus Les bus les plus pratiques sont le n°200 (Bolhão-Foz), le n°201 (Aliados-Viso) qui traverse Boavista, le n°500 qui longe le fleuve (Praça da Liberdade-Matosinhos) et le n°502 (Bolhão-Matosinhos) qui suit de bout en bout l'Avenida da Boavista.

Plan de Boavista p. 126

Mercado Bom Sucesso (p. 130) JEFF GREENBERG / CONTRIBUTOR / GETTY IMAGES ©

Les incontournables

Casa da Música

Cœur de la scène culturelle de Porto et résidence de l'Orquestra Nacional do Porto, icône architecturale de la ville, la Casa da Música est un monument à la fois minimaliste et d'une grande audace créative. Conçue par le Néerlandais Rem Koolhaas, à l'occasion de l'élection de Porto comme Capitale européenne de la culture en 2001, son architecture déstructurée et cristalline a secoué le monde de la musique avec sa salle de concerts, à l'acoustique exceptionnelle.

PLAN P. 126, D2

220 120 220

www.casadamusica.com

Avenida da Boavista 604-610

visite guidée 10 €

visite guidée en anglais 11h et 16h

Une étonnante architecture

De loin, la Casa da Música donne un sentiment de grande harmonie. Quand on approche de sa façade, la perspective change : le bâtiment a la forme d'un polygone irrégulier aux allures de diamant brut venu d'ailleurs. La dalle de travertin rose doré constitue, avec ses ondulations, un formidable terrain de jeu pour les amateurs de skateboard.

Une merveilleuse acoustique

La principale salle de concerts, appelée Sala Suggia en hommage à la célèbre violoncelliste portugaise Guilhermina Suggia (1885-1950), compte 1 300 places. Tout dans sa conception concourt à sa qualité acoustique : l'utilisation de contreplaqué nordique, les murs en double vitrage incurvé et les sièges spécialement adaptés. Des zébrures de feuille d'or dessinent sur les parois comme les veines du bois. C'est la première salle de concerts au monde à pouvoir être éclairée uniquement par la lumière naturelle : les concerts de jour ont un côté magique.

La tradition des azulejos

Rem Koolhaas joue des correspondances entre le Portugal et la Hollande. Le salon VIP est couvert d'azulejos inspirés de ceux de la gare de São Bento, représentant la conquête de Ceuta en 1415 et les grands personnages historiques comme Henri le Navigateur. Hommage à son pays natal, l'autre mur est orné de motifs dans le style de Delft.

Une salle Renaissance

Cette étonnante salle est couverte de carreaux géométriques en 3D qui créent une illusion d'optique donnant un sentiment de décentrement. Ces jeux de perspective étaient en vogue à la Renaissance – et sont revenus à la mode avec le mouvement Op Art dans les années 1960.

★ À savoir

- Toutes les places de concerts sont au même prix car la qualité de l'acoustique fait qu'il n'y a pas de mauvaises places.
- Ne manquez pas de visiter la terrasse – par temps clair, on voit scintiller l'Atlantique au loin.
- D'intéressantes visites guidées du bâtiment ont lieu tous les jours en portugais et en anglais (10 €, environ 1 heure).

Une petite faim ?

Montez au Restaurant Casa da Música (p. 130) pour sa vue magnifique sur la ville et sa cuisine méditerranéenne revisitée.

Ou, entre deux visites, allez grignoter de savoureux *cachorros* (hot dogs) au Dog (p. 128).

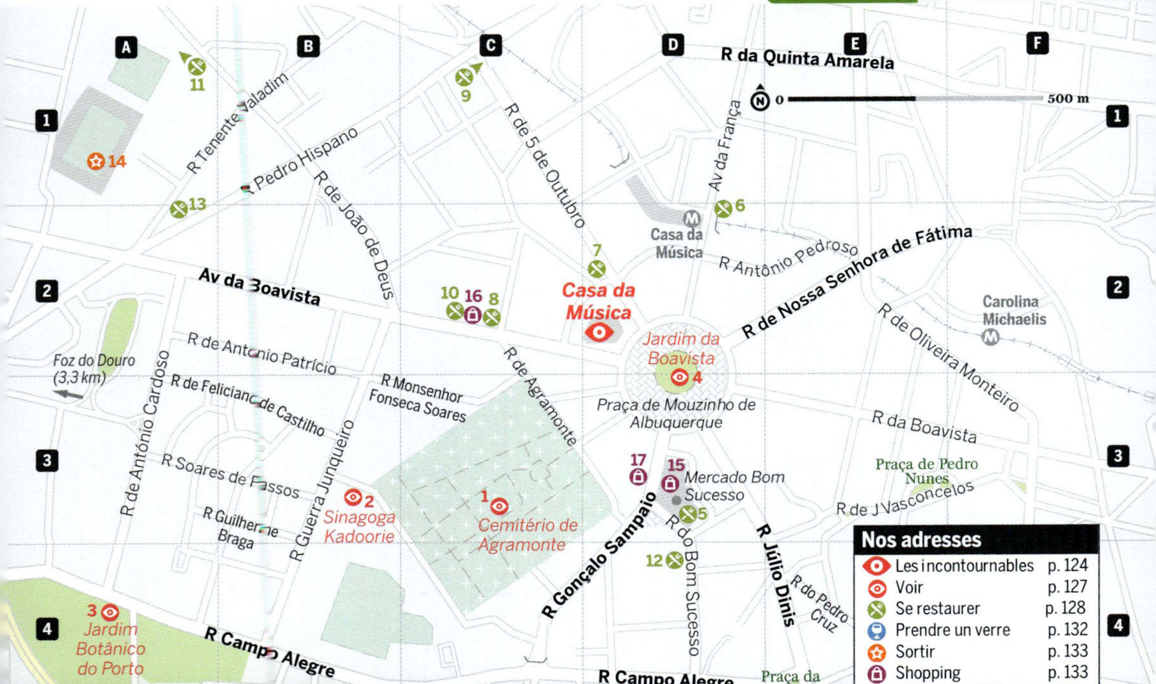
A
B
C
D
E
F
1
2
3
4
0
500 m
R da Quinta Amarela
Av da França
R de 5 de Outubro
R Tenente Valadim
R Pedro Hispano
R de João de Deus
Av da Boavista
R de Antonio Patrício
R de Feliciano de Castilho
R Monsenhor Fonseca Soares
R de Agramonte
R de António Cardoso
R Soares de Passos
R Guilherme Braga
R Guerra Junqueiro
R Campo Alegre
R Gonçalo Sampaio
R do Bom Sucesso
R Júlio Dinis
R do Pedro Cruz
R de J Vasconcelos
R da Boavista
R de Oliveira Monteiro
R de Nossa Senhora de Fátima
R Antônio Pedroso
Praça de Mouzinho de Albuquerque
Praça de Pedro Nunes
Praça da
Carolina Michaelis
Casa da Música
Foz do Douro (3,3 km)
Casa da Música
Jardim da Boavista
Mercado Bom Sucesso
1 Cemitério de Agramonte
2 Sinagoga Kadoorie
3 Jardim Botânico do Porto
4
5
6
7
8
9
10
11
12
13
14
15
16
17
Nos adresses
Les incontournables p. 124
Voir p. 127
Se restaurer p. 128
Prendre un verre p. 132
Sortir p. 133
Shopping p. 133

Voir

Cemitério de Agramonte

CIMETIÈRE

1 PLAN P. 126, C3

Créé en 1855 pour enterrer les victimes de l'épidémie de choléra, le cimetière d'Agramonte est aujourd'hui l'un des plus beaux de la ville. Certains monuments funéraires et exubérants mausolées, édifiés par les riches habitants de Porto, sont ornés de sculptures d'António Soares dos Reis ou d'António Teixeira Lopes. Le lieu est particulièrement agréable au printemps, quand camélias et magnolias sont en fleurs. (Largo de Agramonte ; 8h30-17h)

Sinagoga Kadoorie

SYNAGOGUE

2 PLAN P. 126, B3

Voisine du Cemitério de Agramonte, la synagogue Kadoorie est la plus grande de la péninsule Ibérique. Inaugurée en 1938, elle rappelle l'importance de la communauté juive dans la ville. La visite guidée du musée permet de voir l'intérieur orné de superbes carreaux et donne un aperçu de l'activité de la synagogue. (www.comunidade-israelita-porto.org ; Rua Guerra Junqueiro 340 ; adulte/enfant 5/2 € ; 14h-17h30 dim-ven)

Jardim Botânico do Porto

JARDINS

3 PLAN P. 126, A4

Dépendant de la faculté des Sciences de Porto, ces jardins

Cemitério de Agramonte

botaniques offrent une agréable échappée en été. Agrémentés de pièces d'eau, de cactées, de roses et de camélias, ils furent dessinés dans le style romantique, en 1895, à la demande du marchand de porto João Henrique Andresen Jr. (jardimbotanico.up.pt ; Rua do Campo Alegre 1191 ; entrée libre ; 9h-17h lun-ven, 10h-18h sam-dim)

Jardim da Boavista — JARDINS

4 PLAN P. 126, D3

Situé au centre d'un des ronds-points où la circulation est la plus intense, ce jardin apporte un peu d'ombre et de calme dans l'agitation de la ville. Au centre se dresse le Monumento aos Heróis da Guerra Peninsular qui rend hommage aux héros de la guerre d'indépendance espagnole (1807-1814), marquée par la victoire des Portugais et des Britanniques sur les armées de Napoléon. (Praça de Mouzinho de Albuquerque ; entrée libre)

Se restaurer

Urban Cicle Café — CAFÉ €

5 PLAN P. 126, D3

Repaire branché, ce café, où des vélos sont accrochés au plafond, sert de formidables brunchs (14 €) jusqu'à 15h avec œufs brouillés, gâteaux et tartes maison, yaourt grec au muesli – la totale ! (220 981 308 ; www.easy-cicle.pt ; Praça do Bom Sucesso 18 ; en-cas et plats légers 3-8 € ; 8h30-20h lun-ven, 10h-20h sam ;)

Ponto Dois — CAFÉ €

6 PLAN P. 126, D2

Mêlez vous aux gens en costume du quartier d'affaires pour prendre un déjeuner rapide ou une pâtisserie dans ce café moderne. Il y a un patio pour profiter du soleil. (919 257 911 ; www.facebook.com/ponto2porto ; Av de França 202 ; toasts à partir de 2,50 € ; 7h30-19h30 lun-jeu, 7h30-20h ven, 8h-20h sam ;)

Dog — FAST-FOOD €

7 PLAN P. 126, D2

À quelques pas de la Casa da Música, asseyez-vous au bar pour grignoter un *cachorro* (hot dog), dans du pain baguette, qui se décline ici dans des recettes originales avec, par exemple, garniture de brie et de miel ou d'oignons au porto. (220 144 433 ; Rua de 5 de Outubro 111 ; hot dogs 3,50-5 € ; 12h-23h lun-sam)

Casinha Boutique Café — CAFÉ €

8 PLAN P. 126, C2

Dans une maison de ville du XIXe siècle restaurée, ce café tout en nuances de pastel et recoins confortables dans son jardin, a beaucoup de charme. Sandwichs, quiches, salades et crêpes sont à base d'ingrédients issus de producteurs locaux. Un rayon épicerie vend des produits portugais. (934 021 001 ; www.casinhaboutique.com ; Avenida da Boavista 854 ; plats 4.50-12 € ; 9h-minuit lun-sam, 10h-22h dim ;)

Merveilles d'architecture contemporaine

Porto a fait son entrée sur la scène de l'architecture contemporaine internationale. Les créations architecturales récentes frappent par leur simplicité et leur souci d'intégration dans l'environnement. Deux architectes portugais, en particulier, ont joué un rôle majeur dans ce changement de visage de la ville : Álvaro Siza Vieira (né à Matosinhos en 1933) et Eduardo Souto de Moura (né en 1952 à Porto), tous deux lauréats du prestigieux prix Pritzker.

Álvaro Siza Vieira a dessiné des dizaines de bâtiments publics et privés dans toute la ville : du Museu de Arte Contemporânea, aux formes angulaires et minimalistes, jusqu'à la Casa de Chá da Boa Nova (p. 145), bâtiment qui se fond dans les rochers. Il a laissé sa marque sur des projets d'habitation et des immeubles de bureaux autour de l'Avenida da Boavista, sur la station de métro de São Bento en granit et carreaux vernissés, sur la Piscinas das Marés (p. 144) à Leça da Palmeira, Matosinhos, piscine d'eau salée invisible depuis le front de mer, elle aussi ne faisant qu'un avec des rochers. La légèreté et la fluidité des formes qui caractérisent son œuvre répondent à son désir de continuité en architecture et à sa conviction que rien n'existe isolément.

Eduardo Souto de Moura, qui a collaboré avec Álvaro Siza Vieira avant de fonder sa propre agence en 1980, a lui aussi mis son talent au service de bâtiments publics – de la rénovation de stations de métro (dont Casa da Música, Trindade, Aliados et Bolhão) jusqu'à la création du centre culturel Casa das Artes, où il a trouvé son expression dans des matériaux naturels et des lignes pures. Parmi ses grandes réalisations figure la tour Burgo, dont la façade joue sur la juxtaposition entre horizontales et verticales, opaque et transparent. Plus ludique, sa Casa do Cinema Manoel de Oliveira, à Foz, allie un style moderne et futuriste avec des fenêtres saillantes rappelant des objectifs de caméra.

Ces deux architectes ont aussi travaillé ensemble à l'étranger sur de nombreux projets – notamment à Londres, sur le pavillon de la Serpentine Gallery en 2005 (jouant sur un réseau de cadres qui ondule) et pour l'exposition *Sensing Spaces* à la Royal Academy en 2014. Pour découvrir leurs réalisations à Porto, procurez-vous le guide et le plan gratuits sur l'architecture à l'office du tourisme.

Essência

VÉGÉTARIEN **€€**

9 PLAN P. 126, C1

Cette brasserie moderne et lumineuse est réputée dans tout Porto pour ses plats végétariens (et non végétariens !) à base d'ingrédients complets, servis en portions généreuses, depuis les soupes et salades jusqu'aux

Savoureux marché !

Les gourmets seront dans leur élément au **Mercado Bom Sucesso** (Plan p. 126, D3; www.mercadobomsucesso.pt ; Praça Bom Sucesso ; 10h-23h dim-jeu, 10h-minuit ven-sam). Dans l'aire de restauration, ils pourront picorer aussi bien des sushis qu'un *piadina* (sandwich au pain plat italien), des *petiscos* ou des glaces, et boire du vin pétillant portugais. Le **Traveller Café** constitue une bonne halte pour un jus de fruit frais pressé, un smoothie ou un café avec une pâtisserie. **Sabores e Tradição** vend une gamme de savoureux produits de Trás-os-Montes : fromage, huile d'olive et miel, notamment.

Le marché de produits frais étale ses poissons et crustacés, viandes, fruits, légumes et fleurs de 10h à 20h du lundi au samedi.

pâtes, curries, risottos et *feijoada* (ragout de porc et haricots noirs). Terrasse ouverte par beau temps. (228 301 813 ; www.essenciarestaurantevegetariano.com ; Rua de Pedro Hispano 1190 ; plats 10,50-15 € ; 12h30-15h et 20h-22h30 lun-jeu, jusqu'à minuit ven-sam ;)

Restaurante Casa da Música

INTERNATIONAL **€€**

Au 7e étage de la Casa da Música (voir Plan p. 126, D2), ce restaurant ouvre sur une terrasse revêtue de carreaux noir et blanc d'où s'étend une vue magnifique sur la ville. Grande hauteur sous plafond, jeux de couleurs et de rétroéclairages composent un cadre contemporain pour goûter une cuisine d'inspiration méditerranéenne, comme le carpaccio de poulpe accompagné d'une salade et de tuiles au parmesan ou le ragout de loup de mer et moules aux zestes de citron. (220 107 160 ; www.casadamusica.com ; Av da Boavista 604 ; plats 16,50-18,50 €, menu déjeuner/dîner 14,50/19,50 € ; 12h30-15h et 19h30-23h lun-jeu, jusqu'à minuit ven-sam ;)

Em Carne Viva

VÉGÉTARIEN **€**

10 PLAN P. 126, C2

Ce restaurant, dont le nom ne manque pas d'humour (signifiant "chair à vif") abrite une élégante salle ornée de stucs et un jardin merveilleusement romantique. Les plats végétariens ou végétaliens font preuve de créativité – *francesinha* réinterprétée en un savoureux burger de haricots avec des frites – et sont servis dans de la belle vaisselle. Les desserts sont divins. (932 352 722, 220 925 598 ; www.emcarneviva.pt ; Av da Boavista 868 ; formule 2 plats 9,50 €, plats 11-20 € ; 12h-15h et 19h30-22h lun-jeu, 12h30-15h30 et 19h-23h sam ;)

Casa do Bu
CAFÉ **€€**

11 PLAN P. 126, A1

Murs en pierre apparente, lignes pures et cheminée moderne confèrent un style contemporain à ce nouveau café. Faites provision de vitamines avec une salade ou un jus frais pressé, ou optez pour des *petiscos*. Intéressante formule déjeuner (soupe + plat du jour) à 7,50 €. (Rua Eugénio de Castro 97 ; petiscos 4-7 €, plats 14-17 € ; 7h-20h ;)

Casa Agrícola
PORTUGAIS **€€€**

12 PLAN P. 126, D4

Attenante à une chapelle, cette maison de campagne du XVIIIe siècle, joliment restaurée, apporte un charme ancien dans un quartier par ailleurs moderne. Le restaurant, au premier étage, conserve un côté à l'ancienne avec son parquet ciré, ses sièges de bistrot et ses lustres. Un cadre intime pour une cuisine portugaise du genre *cataplana* (mijoté de fruits de mer et/ou de poisson dans un plat en cuivre). Plus informel, le café-bar du rez-de-chaussée pratique un *happy hour* entre 16h et 20h. (226 053 350 ; www.casa-agricola.com ; Rua do Bom Sucesso 241 ; plats 17-29 € ; 12h30-15h et 20h-22h30 lun-sam)

Porto Novo
INTERNATIONAL **€€€**

13 PLAN P. 126, A2

Le restaurant du Sheraton joue la carte moderne et raffinée : sièges caramel à haut dossiers, nappes blanches, luminaires en céramique, ambiance sophistiquée et service

Scone, Em Carne Viva

attentif. À la carte figurent aussi bien du cochon de lait à l'orange ou de la morue rôtie au four à bois que des pizzas préparées sur le champ. Menu déjeuner (3 plats, 22 €) d'un excellent rapport qualité/prix. (220 404 000 ; www.portonovorestaurante.com ; Rua Tenente Valadim 146 , Sheraton Porto Hotel & Spa ; plats 24-39 € ; 12h30-15h et 20h-23h lun-ven, 13h-15h 20h-23h30 sam-dim ;)

Prendre un verre

Bar Casa da Música

BAR

Au dernier étage de la Casa da Música (voir Plan p. 126, D2), à l'étonnante architecture contemporaine, ce bar est fort agréable pour prendre un verre en regardant s'allumer les lumières de la ville – sa terrasse offre une vue magnifique. Des soirées animées par des DJ ont lieu deux samedis par mois (23h-4h). Pour en savoir plus, consultez le site Internet. (www.casadamusica.com ; Av da Boavista 604 ; 12h30-15h et 19h30-23h lun-jeu, 12h30-15h et 19h30-minuit ven-sam ;)

New Yorker Bar

BAR

Le bar du Sheraton (voir 13 Plan p. 126, A2) offre un cadre contemporain raffiné – un peu cher – pour siroter un café ou un cocktail en bavardant. Quand il fait chaud, son jardin-terrasse est un havre. (www.sheratonporto.com ; Rua Tenente Valadim 146, Sheraton Porto Hotel & Spa ; 10h-1h dim-jeu, 10h-1h30 ven-sam)

Bar Casa da Música

Sortir

Casa da Música SALLE DE CONCERTS

Grandiose et minimaliste, sophistiquée mais populaire, la Casa da Música (voir Plan p. 126, D2) est le temple de la musique de Porto avec, en son cœur, sa salle de concerts méticuleusement conçue pour accueillir aussi bien des duettistes de jazz que la 9e symphonie de Beethoven. (maison de la Musique ; 220 120 220 ; www.casadamusica.com ; Av da Boavista 604 ; billetterie 9h30-19h lun-sam, 9h30-18h dim)

Boavista FC FOOTBALL

14 PLAN P. 126, A1

Rival du FC Porto, le Boavista FC joue à domicile à l'Estádio do Bessa, juste à côté de l'Avenida da Boavista. Pour connaître le programme des matchs à venir, consultez les éditions locales du *Jornal de Notícias*. (www.boavistafc.pt ; Rua 1º de Janeiro, Estádio do Bessa Século)

Shopping

Pura Filigrana BIJOUTERIE

15 PLAN P. 126, D3

Installée dans le Mercado Bom Sucesso, cette petite boutique se veut une vitrine de la délicate bijouterie en filigrane portugaise, aussi bien classique que contemporaine. (www.facebook.com/pg/PURA.Filigree ; Mercado Bom Sucesso, Praça Bom Sucesso ; 10h-23h dim-jeu, 10h-minuit ven-sam)

Nuno Baltazar MODE ET ACCESSOIRES

16 PLAN P. 126, C2

Ce magasin est le vaisseau amiral du créateur Nuno Baltazar, le roi de la mode au Portugal. Jetez un coup d'œil à ses dernières collections, toujours élégantes et très bien coupées. (226 054 982 ; www.nunobaltazar.com ; Av da Boavista 856 ; 10h30-13h30 et 14h30-19h30 mar-sam)

Península Boutique Center CENTRE COMMERCIAL

17 PLAN P. 126, D3

Ce centre commercial moderne regroupe toute une série de marques portugaises et internationales, plutôt chics. L'accent étant mis sur la mode et des marques comme Massimo Dutti, Adolfo Dominguez, Bimba y Lola ou Purificación García, mais il y a aussi quelques bijouteries, une parfumerie et un café, Ponto K. (www.peninsula.pt ; Praça Bom Sucesso 159 ; 10h-22h lun-sam, 10h-20h dim ;)

Explorer

Foz do Douro et ses environs

À l'ouest, la placide Foz do Douro vit à son rythme. Les bars de plage sont pris d'assaut par des Portuenses bronzés, le phare domine l'océan qui s'étend à perte de vue, le jardin invite à la promenade et le quartier abrite un restaurant étoilé au Michelin. Le tram n°1 longe le front de mer entre la Ribeira et le charmant Jardim do Passeio Alegre (p. 139).

La houle de l'Atlantique vient se briser contre l'emblématique Farol Senhora da Luz (p. 139). Depuis ce phare, longez la promenade et faites halte au bar de la Praia da Luz (p. 140), avant de continuer tranquillement vers le nord jusqu'à Matosinhos, où vous pourrez déjeuner dans l'un des restaurants de poisson grillé de la Rua Heróis de França.

Rentrez à Foz pour une balade à l'ombre des arbres du vaste Parque da Cidade (p. 143). Pour dîner, réservez chez Pedro Lemos (p. 140), couronné d'une étoile Michelin. Pour finir, offrez-vous une bière dans un cadre raffiné au Bonaparte (p. 140).

Comment s'y rendre et circuler

Tramway La ligne n°1 (Infante-Passeio Alegre) relie le centre historique et Foz do Douro.

Bus Le bus n°500, qui relie le centre de Porto – notamment la Praça da Liberdade et la Ribeira (Infante) – à Matosinhos, dessert plusieurs arrêts de Foz.

Plan de Foz do Douro p. 138

Farol Senhora da Luz (p. 139) ANASTASIA PETROVA / SHUTTERSTOCK ©

Les incontournables

Serralves

Serralves réunit un musée, une demeure et d'immenses jardins. Il est situé entre les quartiers de Boavista et Foz. Marqué de l'empreinte inimitable du célèbre architecte portuense Álvaro Siza Vieira, le musée abrite une éblouissante collection permanente des années 1960 à nos jours et accueille des expositions temporaires. Après la visite, baladez-vous dans les très beaux jardins agrémentés de fontaines et de sculptures.

PLAN P. 138, D3

www.serralves.pt

Rua Dom João de Castro 210

tarif plein/-12 ans musée, villa et parc 10 €/gratuit, parc 5 €/gratuit

10h-19h lun-ven, 10h-20h sam-dim mai-sept, horaires restreints oct-mars

.e talent d'Álvaro Siza Vieira

.e grand architecte *portuense* Álvaro Siza 'ieira a conçu ici, en 1991, le Museu de Arte ;ontemporânea, qui se marie à merveille avec environnement de Serralves. La structure ıux murs chaulés, en forme de U, comporte leux ailes géométriques, aux lignes épurées. .es lucarnes et les fenêtres intégrent le paysage ıu musée, comme s'il s'agissait de cadres. a reçu le prix Pritzker pour cette œuvre qui ombine volume, lumière et fluidité.

Art contemporain

;entrées sur l'art contemporain des années 960 à nos jours, les fascinantes expositions emporaires sont au diapason des courants ırtistiques actuels et s'intéressent tour tour aux artistes établis et émergents, ıu'ils soient portugais ou étrangers. Il s'agit antôt d'expositions novatrices, tantôt le rétrospectives.

/illa Art déco

.a Casa de Serralves est l'un des plus fabuleux dífices Art déco du pays. S'inspirant de ses oyages à Paris, Carlos Alberto Cabral, deuxième omte de Vizela, fit construire cette villa dans le tyle "paquebot" entre 1925 et 1944, parsemant intérieur de détails néoclassiques raffinées. engagea d'éminents architectes et artistes le l'époque, notamment René Lalique (verrière) t Alfred Porteneuve (façade rose dragée).

Promenade au jardin

.e parc de 18 ha de Serralves sert de lien entre ırt et nature. Il s'agit d'un harmonieux ensemble le parterres, de bosquets de hêtres et de chênes, l'allées arborées et de jardins de camélias et de osiers conçu par l'architecte paysager français acques Gréber dans les années 1930. Il est emé de nombreuses sculptures, dont une pelle éante, le *Plantoir* (2001) de Claes Oldenburg.

★ À savoir

- Entrée libre de 10h à 13h le premier dimanche du mois.
- Vous trouverez sur le site Internet un plan interactif du parc.
- Pour une immersion culturelle totale, faites coïncider votre visite avec le fabuleux festival gratuit Serralves em Festa, début juin.

Une petite faim ?

Le **restaurant** (☎ 226 170 355 ; Rua Dom João de Castro 21 ; buffet déjeuner 13 € ; ⏲ 12h-19h lun-ven, 10h-19h sam, 10h-19h dim) du musée propose un buffet déjeuner. Vous pouvez aussi juste prendre un verre sur la terrasse du salon de thé.

Un trajet en bus de 5 minutes vous mènera à Foz pour un déjeuner léger face à l'Atlantique, chez Tavi (p. 139).

Nos adresses
Les incontournables p. 136
Voir p. 139
Se restaurer p. 139
Prendre un verre p. 140
Shopping p. 141
0
500 m
A
B
C
D
1
2
3
4
5
6
Av de Montevideu
R de Gondarém
R do Marechal Saldanha
Praia do Molhe
R do Padrão
Av do Brasil
R Rui Barbosa
6
R da Agra
12
4
R Monte da Luz
Praia de Gondarém
8
9
R do Farol
11
Praça do Império
Av Mal Gomes da Cost
Serralve
R de Diu
FOZ DO DOURO
R Coronel Raúl Peres
5
Praia da Luz
R Bartolomeu Velho
R da Senhora da Luz
7
OCÉAN ATLANTIQUE
Pedro Lemos
Esplanada do Castelo
Av Dom Carlos I
10
R Diogo Boter
1
Farol Senhora da Luz
2
Jardim do
R Passeio Alegre
Rio Douro
3

Voir

Farol Senhora da Luz PHARE

PLAN P. 138, A5

Symbole de Foz do Douro, le phare se dresse au bout d'une jetée, où il reçoit toute la violence des vagues et des tempêtes. Faites une promenade vivifiante sur cette jetée avec une vue grandiose sur l'océan. (Av Dom Carlos I)

Jardim do Passeio Alegre JARDIN

2 PLAN P. 138, C5

Flanqué d'élégants bâtiments anciens, ce jardin du XIXe siècle, se prête à une agréable promenade dans ses allées ombragées, au milieu des palmiers, des sculptures et des fontaines, avec le bruit de l'océan et parfois des concerts en été. Il y a aussi un minigolf pour les enfants. (Rua Passeio Alegre ;)

Plages de Foz

Foz possède trois belles plages (rocheuses) propices à la baignade. Bordée d'une promenade, la vaste Praia da Luz débouche sur la Praia de Gondarém, une étroite bande de sable qui disparaît à marée haute. Puis vient la Praia do Molhe, plus large. Les week-ends d'été, ces plages sont souvent prises d'assaut alors qu'en basse saison, on y est presque seul en semaine.

Se restaurer

Mercearia do Miguel CAFÉ €

3 PLAN P. 138, D6

Un café lumineux, à l'ambiance rétro et décontractée, proche du front de mer. L'endroit parfait pour un petit-déjeuner sain (optez pour un *açai bowl* au granola maison), un jus détox, un excellent café accompagné d'une pâtisserie, ou un déjeuner composé d'une salade gastronomique, de bruschettas, de sandwichs ou de *petiscos*. La cour est agréable par beau temps. (220 116 889 ; www.merceariadomiguel.com ; Rua do Passeio Alegre 130 ; en-cas 3-4.50 €, petiscos 1-9 € ; 9h30-18h30 mer-dim ;)

The Bird CAFÉ €

4 PLAN P. 138, B3

Avec ses lampes-cages vintage, ses motifs floraux et sa cour tapissée de végétation, ce café est joli comme un cœur. On peut y déjeuner dans une ambiance décontractée (soupe + plat + boisson pour 8,50 €), déguster une part de gâteau et un thé ou un brunch. Nombreuses options végétariennes. (Rua da Agra 143 ; déjeuner 8.50 €, brunch 12 €, petiscos 3-8 € ; 11h-19h lun-jeu, 11h-20h ven-dim ;)

Tavi DESSERTS €

5 PLAN P. 138, B4

La terrasse avec vue sur l'océan de ce café-pâtisserie attire beaucoup de *Portuenses*. On y sert des plats

Une table d'exception

Pedro Lemos (Plan p. 138, C5; ☎220 115 986 ; www.pedrolemos.net ; Rua do Padre Luís Cabral 974 ; menus dégustations 100-120 € ; 12h30-15h et 19h30-23h mar-sam) est l'un des restaurants de Porto étoilés au Michelin, dont le chef éponyme travaille avec passion et créativité des ingrédients de saison pour créer une explosion de saveurs, qu'il s'agisse de coquillages de l'Atlantique ou de porc noir à l'*alentejana* aux champignons sauvages, délicatement fumé. Au choix : l'élégante salle cosy-chic ou la terrasse sur le toit.

légers, des salades inventives et de savoureuses crêpes, mais sa réputation vient surtout de ses chocolats, glaces, *bolo de arroz* (gâteau de riz traditionnel) et pâtisseries. Bon café. (www.confeitariatavi.com ; Rua Senhora da Luz 363 ; desserts 2-5 €, plats 7-12 € ; 8h30-20h)

Cafeína
EUROPÉEN MODERNE **€€**

6 PLAN P. 138, B2

En retrait du front de mer, Cafeína ne manque pas d'élégance. Les murs vert foncé, les nappes impeccables, le parquet lustré et les bibliothèques sont mis en valeur par l'éclairage tamisé. Sa cuisine conjugue simplicité et modernité (calamar farci à la purée safranée ou couronne d'agneau en croûte d'herbes et de citron), avec l'art de marier plats et vins portugais. (☎226 108 059 ; www.cafeina.pt ; Rua do Padrão 100 ; déjeuner 3 plats 18 €, plats 17-21 € ; 12h30-18h et 19h30-0h30 dim-jeu, 12h30-18h30 et 19h30-1h30 ven-sam ; 👪)

Bar Tolo
PORTUGAIS **€€**

7 PLAN P. 138, B4

À l'angle de deux rues, ce petit restaurant amusant occupe un bâtiment bleu ciel tout en hauteur. La minuscule terrasse sur le toit donne sur l'océan. Dans une ambiance rustique-chic, vous dégusterez des *petiscos* et des plats créatifs. (☎224 938 987 ; Rua da Senhora da Luz 185 ; plats 10-17 € ; 12h30-minuit mer-lun)

Prendre un verre

Praia da Luz
BAR

8 PLAN P. 138, A3

Ne manquez pas le Praia da Luz avec ses terrasses en bois quasiment les pieds dans l'eau qui en font un cadre agréable où profiter de la vue autour d'un café ou d'un cocktail (plutôt qu'un dîner). (www.praiadaluz.pt ; Av do Brasil ; 9h-2h)

Bonaparte
PUB

9 PLAN P. 138, B3

Ce pub élégant du front de mer vous ramènera à l'époque des grands explorateurs maritimes, avec sa salle aux boiseries

ardim do Passeio Alegre (p. 139)

chaleureuses éclairée à la lanterne. Un lieu cosy et détendu pour une bière ou un cocktail. (www. bonaparteporto.net ; Av do Brasil 130 ; 17h-2h)

Shopping

Augusto Leite ALIMENTATION

10 PLAN P. 138, C5

Envie de pique-niquer sur la plage ? Vous trouverez tout ce qu'il faut chez Augusto Leite, délicieuse épicerie-traiteur-caviste fréquentée par une foule d'habitants. Outre des fromages, charcuteries et douceurs portugais et internationaux, il vend un excellent pain cuit au feu de bois de Trás-os-Montes. (Rua do Passeio Alegre 924 ; 9h-20h30 lun-sam, 10h30-13h30 et 15h30-20h dim)

Mercado da Foz MARCHÉ

11 PLAN P. 138, C3

Ce marché couvert récemment rénové regorge de produits frais et de fleurs. On y trouve quantité de stands de nourriture chargés de délices en tous genres : fromage et saucisson fumé de Trás-os-Monte, vins du Douro, burgers et hot dogs gastronomiques ou encore *leitão* (cochon de lait) de Bairrada qui fond dans la bouche. (Rua de Diu ; 7h-19h lun-sam)

Yellow Boat MODE ET ACCESSOIRES

12 PLAN P. 138, B3

À la fois boutique de mode, de design intérieur et *concept store*. (www.theyellowboatstore.com ; Av Brasil 282 ; 14h-19h lun, 11h-19h mar-sam)

Vaut le détour

Matosinhos

Juste au nord de Foz do Douro, faubourg côtier de Porto, Matosinhos est un port de pêche authentique où il fait bon déguster du poisson fraîchement pêché dans l'Atlantique. L'endroit ravira les familles en excursion et les amateurs de plein air, avec son fort, son aquarium et le plus grand parc de Porto. Il compte aussi une vaste plage caressée par les vagues et une étonnante œuvre d'art en plein air.

Comment y aller

Le bus n°500 dessert Matosinhos depuis le centre de Porto. Il part de la Praça da Liberdade et de la Ribeira (Infante).

M Prenez la ligne bleue (A) Matosinhos Sul.

Le fort

Également appelé Castelo do Queijo (
fromage, du fait de l'allure du rocher s
se dresse), le **Forte de São Francis**
photo ci-contre ; Praça Gonçalves Zarco ;
13h-18h mar-dim ;) est, avec ses p
remparts, ses tours de guet et son por
un archétype de forteresse. Édifié en 1
abrite une petite exposition sur les arm
doit surtout son attrait à la superbe vu
mer– sublime au coucher du soleil.

L'aquarium interactif

Quelque 5 000 créatures marines vive
les bassins de **Sealife** (www.visitsealife.com ; 1 Rua
Particular do Castelo do Queijo ; tarif plein/réduit
13,50/9,50 € ; 10h-18h lun-ven, 10h-19h sam-dim ;
). Le plus spectaculaire ? un tunnel à requins et un bassin rocheux où l'on peut toucher crabes, étoiles de mer et oursins. Le plus curieux ? les méduses phosphorescentes, les poissons feuilles d'Amérique du Sud et les raies à nez de vache. Les requins sont nourris à 11h et 14h30, les raies à 12h et 16h.

La vie du parc

Le bruit de la circulation s'évanouit dès qu'on pénètre dans le verdoyant **Parque da Cidade** (Avenida da Boavista ;). Plus grand parc urbain du Portugal, il comporte 10 km de voies piétonnières et cyclables. Les *Portuenses* y vont pique-niquer (surtout le week-end), jouer au ballon, courir, faire du vélo, flâner au soleil et nourrir les canards du lac.

Filet protéiforme

Sur le front de mer, près du fort, vous remarquerez l'immense *SheChanges – A Anemona*, une sculpture de 50 m de haut réalisée par l'Américaine Janet Echelman. Ce filet géant, qui rend hommage aux pêcheurs de

attablez-vous dans l'un des nombreux restaurants de la Rua Heróis de França, réputés pour leur poisson grillé. La terrasse côté rue du **Dom Peixe** (224 927 160 ; www.dompeixe.com ; Rua Heróis de França 241 ; plats 8-20 € ; 12h-23h ;) est à recommander.

uit,
de

osinhos

atosinhos

latosinhos ; 500)
ié typique fréquenté
aux qui viennent faire
ourses de poisson, de fruits
e légumes. Quelques cafés
t restaurants y sont installés.

Sortie plage

La Praia do Matosinhos est une large bande de sable qui s'étend au nord du fort. La baignade est possible mais sachez que l'eau est froide… c'est l'Atlantique après tout ! Les fortes brises et les vagues attirent les surfeurs et les bodyboardeurs. Vous trouverez d'ailleurs plusieurs prestataires qui donnent des cours.

Piscina das Marés

Un peu plus au nord se trouve la ville de Leça da Palmeira, qui appartient au district de Matosinhos. On peut y admirer sa superbe plage (ou y faire un peu de farniente), son phare, ainsi que deux créations de l'architecte portuense Álvaro Siza Vieira : la Casa de Cha da Boa Nova (voir ci-contre) qui abrite un restaurant étoilé, et un complexe de piscines d'eau de mer, la **Piscina das Marés** ; (www.cm-matosinhos.pt/pages/929 ; 507), imbriqué dans la roche et donnant directement sur l'océan. Inaugurée en 1966, c'est un lieu idéal pour passer une journée en famille l'été.

Mercado de Matosinhos

Casa de Chá da Boa Nova

Un “salon de thé” étoilé

Bâtiment blanc et bas intégré à d'énormes rochers, à 2 m au-dessus de la mer, la **Casa de Chá da Boa Nova** (229 940 066, 932 499 444 ; www.ruipaula.com ; Av. da Liberdade, Leça da Palmeira ; menus dégustation 90-125 € ; 12h30-15h et 19h30-23h mar-sam), présente un intérieur également zen, en pierre et bois poli, inondé de lumière. Sa construction, achevée en 1963, est l'œuvre de l'architecte portugais Álvaro Siza Vieira (voir p. 129).

Nous fiez pas à son nom (qui signifie “salon de thé”), ici, c'est un chef étoilé portuense qui opère. Rui Paula, qui a repris les fourneaux en 2014, conjugue délicatesse, attention extrême portée à l'origine des produits et sens de la préparation pour réaliser des plats de poisson ou de fruits de mer d'une fraîcheur exceptionnelle, en y ajoutant un petit plus qui les rend fabuleux.

Ce restaurant se trouve près du phare de Leça da Palmeira, à 8,5 km au nord de Foz do Douro en suivant la côte. On y accède en voiture, en taxi ou pour les (beaucoup) moins pressés en bus (507), puis, à pied.

Carnet pratique

Barcos rabelos (bateaux destinés au transport du vin)
SEAN PAVONE / SHUTTERSTOCK ©

Avant de partir

Hébergement

Sites Internet

- **Oporto Apartments** (www.oportoapartments.com). Location d'appartements dans le centre de Porto.
- **Go Oporto** (www.gooporto.com). Belle sélection d'hôtels, d'auberges de jeunesse et d'appartements centraux.

Petits budgets

- **Gallery Hostel** (www.gallery-hostel.com). Sympathique auberge à la déco tournée vers l'art proposant des circuits à pied gratuits, des dégustations de porto et d'autres événements.
- **Tattva Design Hostel** (www.tattvadesignhostel.com). Auberge tendance, très centrale, dotée d'un espace en *rooftop*.
- **Rivoli Cinema Hostel** (www.rivolicinemahostel.com). Dortoirs impeccables et décor inspiré du cinéma.
- **Passenger** (www.thepassengerhostel.com). Cette auberge de jeunesse élégante de l'Estação de São Bento a le vent en poupe.
- **Bluesock Hostel** (www.bluesockhostels.com). Ambiance conviviale et décor historique dans cette auberge de la Ribeira.
- **Gaia Porto Hostel** (www.hostelgaiaporto.pt). Vue imprenable sur le fleuve et accueil chaleureux.

Catégorie moyenne

- **Canto de Luz** (www.cantodeluz.com). Cette petite pension chic tenue par des Français ne manque ni d'allure ni de personnalité et sert de magnifiques petits-déjeuners.
- **6 Only** (www.6only.pt). Six chambres des plus stylées où convergent histoire et modernité.
- **Maison Nos B&B** (www.maisonnos.com) Jolies chambres uniques chez des hôtes affables.
- **Vintage Guest House** (www.portovintageguesthouse.pt). Un nouveau venu vintage au cœur de l'animation.

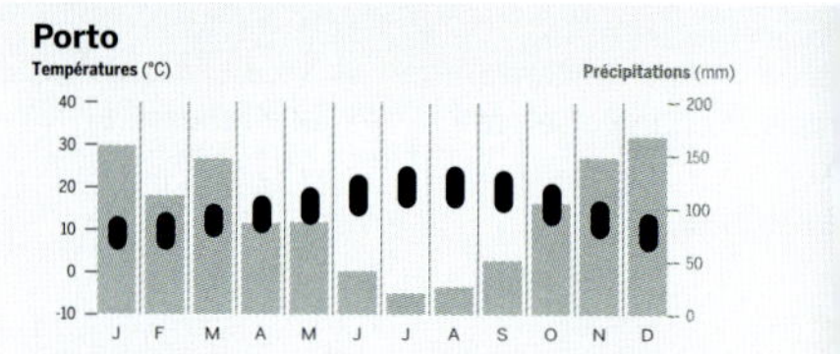

Climat

- **Hiver** (nov–fév) Calme mais ponctué de plusieurs manifestations. Le temps peut être humide. Prix intéressants.
- **Printemps** (mars–mai) Températures douces. Jardins en fleurs. Chambres à prix raisonnables.
- **Été** (juin–août) Haute saison pour les festivals en plein air, plages et dîners à la fraîche. Les prix des chambres grimpent.
- **Automne** (sep-oct) Peu de monde. Temps doux, avec parfois quelques averses.

- **Casa do Conto** (www.casadoconto.com). Cette maison bourgeoise du XIXe siècle a beaucoup à raconter.

Catégorie supérieure

- **Yeatman** (www.the-yeatman-hotel.com). Sur les hauteurs de Gaia, cet établissement d'exception cache un spa et un restaurant étoilé et organise des dégustations de porto.
- **ROSA ET AL Townhouse** (www.rosaetal.pt). Suites chics et personnalisées, charmant jardin et brunchs réputés.
- **Armazém Luxury Housing** (armazemluxuryhousing.com). Cet ancien entrepôt de fer renaît en tant qu'hôtel design au cœur de la Ribeira.
- **Torel Avantgarde** (www.torelavantgarde.com). Cinq-étoiles chic et innovant perché sur une colline de Miragaia.
- **Pestana Porto – A Brasileira** (www.pestanacollection.com). Style Belle Époque pour ce bâtiment emblématique du XIXe siècle.
- **Hotel Teatro** (www.hotelteatro.pt). Un hôtel tendance éblouissant, installé dans un ancien théâtre des années 1850.

Arriver à Porto

Avion

Depuis la France

Porto et Paris sont reliés par des vols directs, depuis l'aéroport d'Orly. **Tap Air Portugal** (www.flytap.com) assure plusieurs vols quotidiens. **Air France** (airfrance.fr) a rouvert une ligne depuis peu, avec quelques vols hebdomadaires. Les compagnies low cost **Vueling** (www.vueling.com), **Transavia** (www.transavia.com) et **Aigle Azur** (www.aigle-azur.com) proposent au moins un vol quotidien, plus en haute saison. **EasyJet** (www.easyjet.com) affrète quelques vols pour Porto depuis l'aéroport Roissy-Charles-de-Gaulle. **Ryanair** (www.ryanair.com) propose au moins deux liaisons par jour entre Paris et Porto, depuis l'aéroport de Beauvais.

Depuis la Belgique

Tap Air Portugal (www.flytap.com) et **Brussels Airlines** (www.brusselsairlines.com) assurent un à deux vols directs par jour depuis l'aéroport de Bruxelles-National. **Ryanair** (www.ryanair.com) propose des vols directs quotidiens.

Depuis la Suisse

Tap Air Portugal (www.flytap.com) fait la liaison deux fois par jour entre Genève et Porto. **Swiss Air** (www.swiss.com) propose un vol par jour Genève-Porto et **EasyJet** (www.easyjet.

Tarifs de restauration

Pour un plat de résistance standard :

Économique	€	moins de 10 €
Milieu de gamme	€€	10-20 €
Haut de gamme	€€€	plus de 20 €

Titres de transport et forfaits

- Rechargeable, la **carte Andante** (www.linhandante.com), qui coûte 0,60 € et qui est valable 1 an, permet de circuler facilement en métro, funiculaire, tramway et sur de nombreuses lignes de bus. Chargez-la en fonction des zones à l'intérieur desquelles vous voulez circuler. Vous pourrez la recharger dans les billetteries automatiques du métro.
- Un forfait valable 24 heures et couvrant l'ensemble du réseau (sauf les tramways) coûte 4,15/5,50/6,90/8,30 € pour les zones 2/3/4/5.

com) assure 4 vols par jour depuis Genève.

Depuis le Canada

Il n'y a pas de vols directs depuis le Canada. Une ou deux escales seront nécessaires.

Aeroporto internacional Francisco Sá Carneiro

- **Métro** (en.metrodoporto.pt). La ligne E (violette, direction Estádio do Dragão) relie l'aéroport au centre de Porto. Pour Aliados et São Bento, changez à Trindade et prenez la ligne D (jaune) direction Santo Ovídio. Le billet aller simple coûte 2 € et le trajet dure environ 45 minutes.
- La compagnie de transports urbains **STCP** (Sociedade de Transportes Colectivos do Porto ; ☎808 200 166 ; www.stcp.pt) assure quelques liaisons en bus entre l'aéroport et le centre ; le plus pratique, le bus n°601 pour Cordoaria part toutes les 30 minutes de 5h30 à 23h30. L'aller simple coûte 2 €.
- Dans la journée, le trajet en taxi jusqu'au centre de Porto coûte entre 20 et 25 €. La station de taxis se trouve juste devant le hall des arrivées. La course dure généralement 30 minutes, mais il faut compter une heure de plus aux heures de pointe.

Gare ferroviaire de São Bento

- La plupart des trains *urbanos, regionais* et *interregionais* (IR) partent de la magnifique gare de **São Bento** (plan p. 58, E5 ; Praça Almeida Garrett), vaste espace ouvert et lumineux.
- São Bento se trouve sur la ligne D (jaune) du métro, à une station d'Aliados.
- Pour les horaires et tarifs des trains, consultez www.cp.pt.

Gare ferroviaire de Campanhã

- Porto est la principale plateforme ferroviaire pour le nord du Portugal. Les trains longue distance partent de la gare de **Campanhã** (plan p. 58, H5 ; Rua Monte da Estação), 3 km à l'est du centre.
- Cinq lignes de métro relient Campanhã au centre. Elle se situe à quatre stations de Trindade. Pour rejoindre Aliados et São Bento, il faut faire un changement.

Circuler à Porto

Métro

- Le **réseau de métro** de Porto, plutôt récent (metrodoporto.pt), est dense et pratique mais limité. Ses 5 lignes convergent toutes vers la station Trindade.
- Avec une carte Andante, un trajet à l'intérieur des zones 2/3/4 coûte 1,20/1,60/2 €. La zone 2 couvre tout le centre-ville jusqu'à la gare ferroviaire de Campanhã à l'est, Vila Nova de Gaia au sud et Foz do Douro à l'ouest.
- Chaque billet étant valable une heure sur tout le réseau, on peut changer de moyen de transport sans supplément.
- Les titres de transport doivent être validés en début de trajet. Passez la carte devant la machine indiquée "Andante".
- Vous trouverez sur le site Internet les horaires, les plans et les tarifs ; on trouve également des plans dans chacune des stations.
- Le métro circule de 6h à 1h du matin environ.

Taxi

- Vous trouverez des stations de taxis un peu partout dans le centre, sinon appelez **Táxis Invicta** (☎225 076 400 ; www.taxisinvicta.com).
- Dans la journée, une course en ville coûte 5-7 € (20% de plus la nuit). Prévoir un supplément si vous sortez de Porto, donc si vous allez à Vila Nova de Gaia.

À savoir

De nombreuses boutiques ferment le dimanche, certaines même tôt le samedi. Les petits commerçants ferment souvent à l'heure du déjeuner (13h-15h). La plupart des musées sont fermés le lundi.

Tramway, bus et funiculaire

- Pour connaître les lignes, tarifs, plans et horaires, consultez le site de la compagnie de transports en commun de Porto, la **STCP** (Sociedade de Transportes Colectivos do Porto ; ☎808 200 166 ; www.stcp.pt).
- Très développé, le réseau de bus de Porto a notamment pour terminus le Jardim da Cordoaria, la Praça da Liberdade et la gare de São Bento.
- L'aller simple coûte 2 €, ou 1,20 € avec la carte Andante.
- Le **Funicular dos Guindais** (plan p. 42, G5 ; aller simple adulte/enfant 2,50/1,25 € ; 🕘8h-22h dim-jeu, 8h-minuit ven-sam avr-oct, 8h-20h dim-jeu, 8h-22h ven-sam nov-mars) fait la navette sur une pente abrupte en offrant une vue magnifique entre l'Avenida Gustavo Eiffel, face au pont Dom Luís I, et la Rua Augusto Rosa.
- Trois tramways vintage parcourent lentement la ville environ toutes les 30 minutes, de 8h à 21h. La ligne la plus utile, la 1E, suit le cours du Douro jusqu'au faubourg

côtier de Foz. Un aller coûte 3 € ; un *pass* de 2 jours adulte/enfant revient à 10/5 €.

Vélo

- Malgré les rues étroites, les collines pentues et les pavés, Il y a quand même des cyclistes à Porto. Certains itinéraires méritent vraiment le détour, notamment les bords du Douro, le long des pistes cyclables de la Ribeira à Foz ou de Vila Nova de Gaia à Afurada et au-delà.
- Parmi les loueurs de vélos, citons **Fold'n'Visit** (plan p. 58, D1 ; ☎220 997 106 ; www.topbiketoursportugal.com ; Rua Alferes Malheiro 139 ; location demi-journée/journée à partir de 13/17 €), **L&L** (plan p. 42, B3 ; ☎223 251 722 ; www.lopesrentabike.wix.com/porto ; 2ᵉ ét., Largo São Domingos 13 ; location de vélo 1 heure/24 heures 2,50/15 € ; 🕘10h-20h) et **Porto Rent a Bike** (plan p. 42, G5 ; ☎222 022 375, 912 562 190 ; www.portorentabike.com ; Av. Gustavo Eiffel 280 ; vélo demi-journée/journée à partir de 10/15 € ; 🕘10h-14h et 15h-19h). Une location à la journée revient à environ 15 €. Nombre de prestataires proposent aussi des circuits à vélo.
- **Vieguini** (plan p. 87, D8 ; ☎914 306 838 ; www.vieguini.pt ; Rua Nova da Alfandega 7 ; vélo demi-journée/journée 8/12 € ; 🕘9h-19h) propose une vaste gamme de VTT et loue aussi des scooters (28 €/jour).

Infos pratiques

Argent

- Comme la plupart des pays d'Europe, le Portugal utilise l'euro.
- Les cartes Visa sont acceptées un peu partout, de même que la MasterCard ; les cartes American Express et Diners le sont moins, sauf dans les hôtels et restaurants haut de gamme.
- Les DAB Multibanco sont répandus (repérez le logo MB). Les banques prélèvent en général une commission d'environ 1% à 2% sur chaque transaction, sauf pour les transactions entre banques européennes.
- On trouve un bureau de change ouvert de 7h à 20h et plusieurs DAB disponibles 24h/24 dans le hall des arrivées de l'aéroport.
- Le service n'est généralement pas inclus dans l'addition. Si vous êtes satisfait, donnez un pourboire d'environ 10% dans les restaurants. Il est d'usage de laisser la monnaie dans les bars et les cafés. Dans les taxis, arrondissez à l'euro supérieur.

Cartes de réduction

Si vous avez l'intention de faire beaucoup de tourisme, la **Porto Card** (carte 1/2/3/4 jours 13/20/25/33 €) peut s'avérer avantageuse. Elle permet d'accéder gratuitement ou à prix réduit aux musées de la ville, donne un accès gratuit aux transports publics, des remises sur les croisières, circuits et événements culturels, ainsi que des réductions dans certains restaurants et boutiques.

La carte est en vente dans tous les bureaux

Turismo do Porto (☎300 501 920 ; www.visitporto.travel). Il existe aussi une formule "piéton" à 6 €/jour, qui n'inclut pas les transports publics.

Électricité

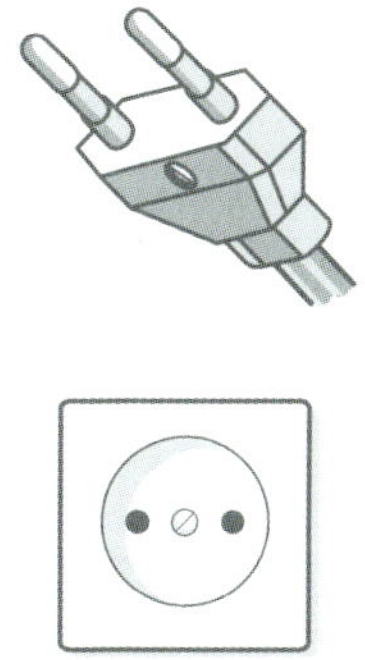

Type C
230 V/50 Hz

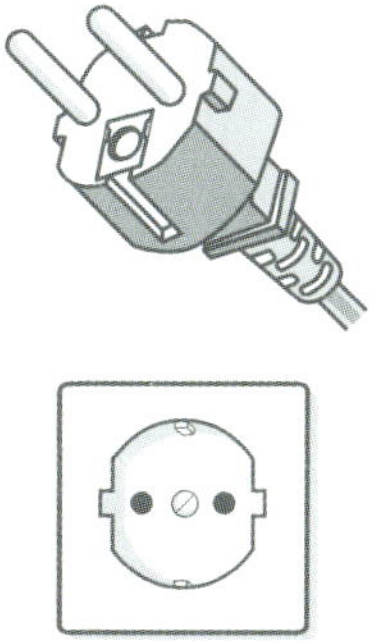

Type F
230 V/50 Hz

À savoir

Certains petits restaurants, boutiques et pensions n'acceptent que les règlements en espèces – renseignez-vous au préalable.

Heures d'ouverture

Sauf mention contraire indiquée dans les listes d'adresses :

Banques de 8h30 à 15h du lundi au vendredi

Bars de 19h à 2h

Bureaux de poste de 9h à 18h du lundi au vendredi

Cafés de 9h à minuit

Clubs de 23h à 6h du jeudi au samedi

Magasins de 10h à 19h du lundi au samedi

Restaurants de 12h à 15h et de 19h à 22h

Homosexualité

Les gays et les lesbiennes restent discrets dans les rues de Porto mais se montrent moins réservés dans les nombreux clubs *gay-friendly*, qui se concentrent autour du Jardim da Cordoaria. La Gay Pride se déroule le premier ou le deuxième week-end de juillet. Le site www.portugalgay.pt recense adresses, événements et autres informations utiles.

Jours fériés

Banques, bureaux, grands magasins et certaines boutiques sont fermés les jours fériés suivants :

Jour de l'an 1er janvier

Mardi gras Février/mars (la veille du mercredi des Cendres)

Vendredi saint mars/avril (vendredi précédant le dimanche de Pâques)

Fête de la Liberté 25 avril

Fête du Travail 1er mai

Corpus Christi Mai/juin (neuvième jeudi après Pâques)

Fête nationale 10 juin (également appelée Journée de Camões et des communautés)

Assomption 15 août

Fête de la République 5 octobre

Toussaint 1er novembre

Jour de la restauration de l'indépendance 1er décembre

Fête de l'Immaculée Conception 8 décembre

Noël 25 décembre

Offices du tourisme

Turismo do Porto (plan p. 58, D2 ; 300 501 920 ; www.visitporto.travel ; Rua Clube dos Fenianos 25 ; 9h-20h mai-oct, 9h-19h nov-avr, 9h-21h août) . Le principal *turismo* de la ville. Vous y trouverez un plan détaillé de la ville, un plan des transports et l'Agenda do Porto, calendrier des manifestations culturelles, et d'autres brochures et prospectus.

iPoint Campanhã (plan p. 58, H6 ; www.visitporto.travel ;Estação de Comboio de Campanhã ; 9h30-18h30 juin-août). Kiosque d'information *turismo* ouvert en saison à la gare ferroviaire de Campanhã.

iPoint Ribeira (plan p. 42, D6 ; www.visitporto.travel ; Praça da Ribeira ; 10h-19h avr-oct). Kiosque d'information *turismo* ouvert en saison sur la Praça da Ribeira.

Turismo (Gaia) (plan p. 98, D2 ; 223 758 288 ; www.cm-gaia.pt ; Av. Diogo Leite 135 ; 10h-18h lun-sam). L'office du tourisme de Gaia fournit des plans de la ville et une brochure recensant tous les chais proposant des visites.

Turismo (Sé) (plan p. 42, E4 ; 300 501 920 ; www.visitporto.travel ; Terreiro da Sé ; 9h-20h mai-oct, 9h-19h nov-avr). Juste à côté de la cathédrale, cet office du tourisme a un service de réservation d'hôtels et de billetterie.

Sécurité

Porto est globalement une ville très sûre, avec un faible taux de criminalité.

- Surveillez vos objets de valeur dans le tramway et le métro, où les pickpockets et les voleurs à l'arraché sévissent occasionnellement, en particulier aux heures de pointe, ainsi que dans d'autres zones touristiques comme la Rua das Flores et le Cais da Ribeira.
- Soyez vigilant la nuit dans les ruelles de la Ribeira ainsi que dans le secteur compris entre la cathédrale et la gare de São Bento.

Toilettes

- Dans les rues de Porto, les toilettes publiques sont plutôt rares et espacées, néanmoins il y a souvent des toilettes publiques dans les gares, les principales stations de métro, les grands magasins et les centres commerciaux.
- Mieux vaut aller dans le café ou le bar le plus proche. Si vous voulez seulement utiliser les toilettes, commandez un café – le moins cher à la carte.

Urgences

Police, pompiers et ambulance 112

Langue

La plupart des sons du portugais existent aussi en français, à l'exception des diphtongues nasalisées (signalées dans nos guides de prononciation par "ng" après la voyelle) que vous prononcerez en faisant passer le son par le nez comme dans "Boeing". Un r signifie que celui-ci est légèrement roulé, alors que deux r indiquent que l'on peut le prononcer comme en français. Par ailleurs, le "s" final, souvent chuinté, se prononce "ch". Gardez à l'esprit ces quelques règles en lisant la prononciation indiquée ici comme en français, et vous vous ferez comprendre sans trop de difficulté.

Pour échanger plus facilement encore, procurez-vous le Guide de conversation français/portugais et brésilien de Lonely Planet en librairie ou via **lonelyplanet.fr**.

Expressions courantes

Bonjour
Olá — *o·la*

Au revoir
Adeus — *a·dé·ouch*

Comment allez-vous ?
Como está? — *ko·mou chta*

Bien, et vous ?
Bem, e você? — *beïn i vo·cé*

S'il vous plaît
Por favor — *pour fa·vor*

Merci
Obrigado (m) — *o·bri·ga·dou*
Obrigada (f) — *o·bri·ga·da*

Excusez-moi
Desculpe — *dèch·koul·pe*

Oui/Non
Sim/Não — *sing/nowng*

Je ne comprends pas
Não entendo — *nowng én·teïn·dou*

Parlez-vous français ?
Fala francês ? — *fa·la frann·sèch*

Au restaurant

..., s'il vous plaît
..., por favor — *... pour fa·vor*

Un café
Um café — *oum ka·fé*

Une table *Uma mesa* — *ou·ma mé·za*
pour deux *para duas pessoas* — *pa·ra dou·ach pé·so·ach*

Deux bières
Dois cervejas — *doïch ser·vé·jach*

Je suis végétarien (ne)
Eu sou vegetariano/vegetariana — *é·ou soh ve·gé·ta·ri·a·nou/ve·gé·ta·ri·a·na*

Santé !
Saúde ! — *sa·ou·de*

C'était délicieux !
Estava delicioso — *chta·va dé·li·si·o·zou*

L'addition s'il vous plaît
A conta, por favor — *a cong·ta pour fa·vor*

Achats

Je voudrais acheter...
Queria comprar ... — *ke·ri·a com·prar ...*

Je regarde seulement
Estou só a ver — *chto so a ver*

Combien ça coûte ?
Quanto custa? — *kouann·tou kouch·ta*

C'est trop cher
É muito caro — *é mouï·tou ka·rou*

Pouvez-vous faire un prix ?
Pode baixar o preço ? — *po·de baï·char ou pré·sou*

Urgences

Au secours !
Socorro ! — *sou·ko·rrou*

Appelez un médecin !
Chame um médico! — *cha·mé oum mé·di·kou*

Appelez la police !
Chame a polícia! — *cha·me a pou·li·sia*

Je suis malade
Estou doente — *chto dou·eïn·te*

Je suis perdu (e)
Estou perdido/perdida
chto per·di·dou/per·di·da

Où sont les toilettes ?
Onde é a casa de banho? — *onn·dé é a ka·za de ba·niou*

Heures et chiffres

Quelle heure est-il ?
Que horas são? — *ki o·rach sowng*

Il est 10h
São dez horas — *sowng dèch o·rach*

10h30
Dez e meia — *dèch i méï·a*

matin	*manhã*	*ma·niang*
après-midi	*tarde*	*tar·de*
soir	*noite*	*noï·te*
hier	*ontem*	*ong·teïm*
aujourd'hui	*hoje*	*o·ge*
demain	*amanhã*	*a·ma·niang*
1	*um*	*oum*
2	*dois*	*doïch*
3	*três*	*trèch*
4	*quatro*	*koua·trou*
5	*cinco*	*sing·kou*
6	*seis*	*sèïch*
7	*sete*	*sè·te*
8	*oito*	*oï·tou*
9	*nove*	*no·ve*
10	*dez*	*dèch*

Transports et orientation

Où est...?
Onde é ...? — *onn·de é ...*

Quelle est l'adresse ?
Qual é o endereço ? — *koual é ou enn·dé·rè·sou*

Pouvez-vous me montrer (sur la carte) ?
Pode-me mostrar (no mapa) ? — *po·de·me mouch·trar (nou ma·pa)*

Quand part le prochain bus ?
Quando é que sai o próximo autocarro ? — *kouann·dou é ke saï ou pro·si·mou ow·to·ka·rrou*

Je voudrais aller à...
Queria ir a ... — *ke·ri·a ir a ...*

Est-ce qu'il s'arrête à... ?
Pára em ... ? — *pa·ra eïm ...*

Arrêtez-vous ici s'il vous plaît
Por favor pare aqui — *pour fa·vor pa·ré a·ki*

Index

Voir aussi les index :

Se restaurer p. 160
Prendre un verre p. 161
Sortir p. 161
Shopping p. 162

Référence sites
Réf. cartes

Référence sites
Réf. cartes

Shopping

Notes

En coulisses

Vos réactions ?

Vos commentaires nous sont très précieux pour améliorer nos guides. Notre équipe lit vos lettres avec la plus grande attention et prend en compte vos remarques pour les prochaines mises à jour. Pour nous faire part de vos réactions, prendre connaissance de notre catalogue et vous abonner à notre newsletter, consultez notre site Internet : **www.lonelyplanet.fr**

Nous reprenons parfois des extraits de notre courrier pour les publier dans nos guides ou sites web. Si vous ne souhaitez pas que vos commentaires soient repris ou que votre nom apparaisse, merci de nous le préciser. Notre politique en matière de confidentialité est disponible sur notre site Internet.

À nos lecteurs

Un grand merci aux voyageurs qui nous ont écrit pour nous faire part de leurs conseils et anecdotes : Sylvie Blanc, Thierry Caro, Myrto Costopoulos, Manon Delaune, Tatiana Jacquette, Cindy Louis, Sylvie Menanteau, Arnaud Negre, Jean-Claude Pellier, Claire Rénier, Béatrice Simonard, Jean-Claude Suavet

Crédits photographiques

Photographie de couverture : Igreja do Carmo, Matt Munro / Lonely Planet ©
Photographies p. 28-29 (de gauche à droite dans le sens des aiguilles d'une montre) : Jeff Greenberg / Getty ©; trabantos / Shutterstock © ; Anastasia Petrova / Shutterstock

Un mot de l'auteur

Un chaleureux *obrigada* a tous les *Portuenses* qui m'ont magnifiquement accueillie et sans qui ce guide ne serait pas ce qu'il est. Merci en particulier à André Apolinário (Taste Porto) qui m'a ouvert les coulisses de la scène gastronomique locale, à Joana Duarte (Visit Porto), à tous les guides établis à Porto et aux spécialistes du porto pour leurs conseils d'initiés.

À propos de cet ouvrage

Cette 2e édition française de *Porto en quelques jours* est une traduction-adaptation de la 2e édition du *Pocket Porto*, rédigée par Kerry Christiani et éditée par le bureau de Londres de Lonely Planet.

Traduction
Anna Alvarez et Thérèse de Chérisey

Direction éditoriale
Didier Férat

Coordination éditoriale
Émeline Gontier

Responsable prépresse
Jean-Noël Doan

Maquette
Laurence Tixier

Cartographie
Eduardo Yanes-Blanch

Couverture
Laure Wilmot

Merci à Julien Lannoy pour sa précieuse contribution au texte.

Notre auteure

Kerry Christiani

Écrivaine de voyage, photographe et auteure Lonely Planet, Kerry a remporté plusieurs prix. Son insatiable appétit de voyage l'a entraînée sur les sept continents, des étendues glacées de l'Antarctique à l'Outback australien, et il ne donne aucun signe de faiblesse ! Elle signe régulièrement des articles pour des publications comme le magazine *Adventure Travel*, Elle est également spécialiste des voyages en Autriche et au Pays de Galles pour The *Telegraph*. Retrouvez les derniers travaux de Kerry sur its-a-small-world.com et suivez-la sur Tweeter @kerrychristiani.

Porto en quelques jours
2e édition
Traduit et adapté de l'ouvrage *Pocket Porto, 2nd edition, February 2019*

Dépôt légal Mars 2019
ISBN 978-2-81617-927-9
Imprimé par CGS sp z.o.o, Pologne

En Voyage Éditions | un département édi8